会说话的人,都拥有开挂的人生

[日]谷原诚 著　李贞慧 译

时代文艺出版社

图书在版编目（CIP）数据

会说话的人，都拥有开挂的人生 /（日）谷原诚著；李贞慧译. -- 长春：时代文艺出版社，2019.8

ISBN 978-7-5387-6135-1

Ⅰ.①会… Ⅱ.①谷… ②李… Ⅲ.①语言艺术 – 通俗读物 Ⅳ.① H019-49

中国版本图书馆CIP数据核字(2019)第138043号

出 品 人	陈 琛
产品总监	郭力家
责任编辑	冀 洋
项目策划	紫图图书ZITO®
监 制	黄 利 万 夏
特约编辑	曹莉丽 孙 建 王延秋
版权支持	王秀荣
装帧设计	紫图装帧

ZATSUDANNO SENRYAKU by Makoto Tanihara
Copyright © 2016 Makoto Tanihara
All rights reserved.
Original Japanese edition published by DAIWASHOBO CO., LTD.
Simplified Chinese translation copyright © 2019 by Beijing Zito Books Co., Ltd.
This Simplified Chinese edition published by arrangement with DAIWASHOBO CO., LTD., Tokyo, through HonnoKizuna, Inc., Tokyo, and Shinwon Agency Co. Beijing Representative Office, Beijing

吉林省版权局著作权合同登记　图字：07-2019-0031 号

会说话的人，都拥有开挂的人生

[日]谷原诚 / 著　李贞慧 / 译

出版发行：时代文艺出版社
地址：长春市泰来街1825号　时代文艺出版社　邮编：130011
总编办：0431－86012927　发行部：0431－86012957　北京开发部：010－63108163
官方微博：weibo.com/tlapress　天猫旗舰店：sdwycbsgf.tmall.com
印刷：天津中印联印务有限公司
开本：880毫米×1230毫米　1 / 32　字数：113千字　印张：6.75
版次：2019年8月第1版　印次：2019年8月第1次印刷　定价：49.90元

图书如有印装错误　请寄回印厂调换

目录 Contents

前言
会说话,让我拥有了开挂的人生　001

第1章
如何聊,拜访客户才能一路通关不卡壳

聊天藏点儿小心机,就有可能碰撞出商机　002
在会说话的人眼中,不存在无意义的聊天　005
满足对方的社交需求和尊重需求,
迅速赢得对方好感　008
想知己知彼,就用金字塔六层次组织谈话　013
用闲聊矩阵消除对方戒心,才是真正的破冰之道　017
让对话不中断,就用QART循环技巧　020

第2章

为什么有些人一开口就冷场

不善言谈的类型有四种,你是哪一种 026

【类型1】总担心对方怎么想?纯粹是自我意识在作祟 028

【类型2】找不到话题?那就用麦拉宾法则 030

【类型3】不想说没意义的事?闲聊才是关键 033

【类型4】说话没重点?逻辑严密不如情感共鸣 036

自我介绍只说基本信息?不够!还得凸显自身功能 039

发言不能一厢情愿,要站在对方的立场设想 043

第3章

百试不爽的说话法则,成就超级业务员

推销时要介绍产品,更要赞美对方品位 048

拜访前做好充分准备,当个提问高手 051

没话题时，像卡耐基一样去聆听 054
所谓会说话，就是善于引导对方说 058
用问题包装想说的话，一问一答气氛热 063
提问时要设定范围，对方回答才能不失焦 066
对话是两人传接球，连珠炮问不停是大忌 069
当对方惜字如金，用 5W1H 引导话题 072
遭受攻击不要动怒，了解原因才能有效回应 076
对长辈心怀求教的态度，对方自然侃侃而谈 079
对方滔滔不绝也无妨，表示你已获得信赖 083
抓准场合和情绪，再决定初次见面应该如何聊 086

第4章

套供赞美法，
金牌律师都爱用的说话利器

活用西奥迪尼法则六要素，让你一开口就受欢迎 090
找出彼此的相似性，是赢得好感的第一步 093
想不着痕迹地赞美，就用套供赞美法 096

制造频繁接触的机会，比任何技巧都重要　099
善用美食美景做连结，对方看到你就开心　101
自吹自擂令人厌恶，位居下风令人亲近　103
懂得凸显落差，必能增添谈话趣味　106
用异同手法偏离对话重点，创造欢乐气氛　110
提出不同意见时，说"对了""再加上"很管用　113
即使反对他人主张，也要以 YES 来表达 NO　116
用 YES 加共鸣回复对方，好感再加倍　119

第5章

掌控对话走向，
知名主持人有技巧

谈天气很无聊？错！日常生活是最保险的话题　124
利用联想法串联话题，对话绝不冷场　127
事先拟定脚本，交换名片后引导谈话更热络　130
学相声开场白来暖场，推销也能轻松切入主题　133

像查税员一样套话，让对方不知不觉吐露秘密　136

当对方自说自话时，可用魔法词汇转移话题　139

从这些事找出双方的共同经验，避免无言以对　142

遇到不懂的话题，向对方请教能让对话更顺畅　145

辨别对方是否是情绪发言，
再决定以感性或理性来回话　148

购物台不会先说结论，说服他人得先确认对象类型　151

第6章

一句话就惹怒人？
陷阱藏在哪里

关系再好也要尊重对方，才不会引发负面评价　156

对家人、下属问话要正面，
引导对方主动思考解决方法　159

5W1H 让你不遗漏资讯，但常问 Why 令对方困扰　162

对话不顺使场面尴尬？因为触犯了八种禁忌　166

鹦鹉学舌三部曲，是不说错话的终极武器　170

第7章

实战锻炼说话技巧，
能跟别人聊得好就是赢家

怎样问出实话？
两种提问让提辞呈的下属吐露心声　176

如何拒绝请求？
六技巧使前辈欣然接受你的回绝　183

用一贯性原则，连没交情的人也点头答应　190

后记
拟定说话策略前，得先对他人抱持好感　195

前言
会说话，
让我拥有了开挂的人生

这不是一本给聊天高手看的书，目标读者是不擅长聊天的人。因为我从小就不擅长聊天，所以想借由亲身经历，分享改善的方法。

聊天高手会不自觉提供丰富的话题，带出对方的话，引人注意、勾起兴趣，大概一辈子都不觉得聊天是件苦差事。他们不可能理解我们这种人的心情。以前我曾问过聊天高手，如何才能成为聊天高手？想到什么说什么就好啦！就是做不到才头痛啊（我内心的哀号）！

从以前到现在，我都为了聊天吃尽苦头，如果可以，宁愿离群索居，为什么能写出关于聊天的书？

虽然我自认为不擅长聊天，但用自己的方式努力驾驭它，也在工作上取得了不错的成果。有时甚至还有人说我"很会说话"，让我感到非常惊讶。

现在，我在东京一家法律事务所担任合伙人代表。这家事务所共有二十四名律师，有一定的收入。包含共同著作在内，我出版了三十本以上的书，还上过朝日电视台《报道 Station》等几十个电视节目。此外，我还经营自己的公司。

在工作上，聊天是不可缺少的一环。我虽然天生不擅长聊天，一直以来，却悉心钻研并设法运用闲聊，为自己的工作加分。

若不会聊天，我就没有现在的成就，可能只是一家小型律师事务所的负责人，说不定连律师这个职业都令我痛苦万分。

律师工作的大部分时间都在和人谈话。委托人上门时，不可能只谈法律而不谈其他事。 透过聊天缓和委托人的紧张情绪，问出必要资讯，在获得他们的信赖后，才能接到这个案子。如果连聊天都不会，便无法顺利进行协商。有时也会在工作中掺杂闲聊，试图从对方身上找出线索。

就算是在事务所里，若不能借由聊天建立良好的人际关系，工作也会无法顺利进行。不只是在律师事务所，我想在任何公司都是一样。

即使把工作放在一边，日常生活中也没有什么事，比和不会聊天的人相处更辛苦。成功人生的必要条件是聊天，但不表示人人都必须喜欢或擅长聊天。

重点是在必要时能够与人谈话。不擅长聊天的人还是可以不擅长，只要适当运用策略谈话即可。本书正是为了不擅长聊天的人写的指南。

说不定你也能跟我一样，虽然不擅长聊天，但在运用策略谈话之后，被说成是很会说话的人。只要被这么说，自然会产生自信，进而拟出高明的谈话策略。

因为不擅长聊天就逃避人群，绝对无法获得成功。请运用策略谈话，让你的工作和生活更有意义，让你也拥有开挂的人生。我想本书一定会对你有帮助。

> 工作时的闲聊看似不着边际,却是为了达成目的的必要手段。

第1章

如何聊,拜访客户才能一路通关不卡壳

聊天藏点儿小心机，
就有可能碰撞出商机

到目前为止，我写过三十本以上的书。有一天，我和一位很久没见面的编辑碰面，他曾编辑过我的书。我们很自然地谈到要出下一本书，甚至启动具体的企划，其实这就是本书的由来。

此时，发挥功用的便是聊天。

我和编辑之间的闲聊，从最近的新闻和个人琐事开始，然后延伸到双方在专业领域的近况。我谈到律师业务以外的其他工作，编辑则谈到自己参与制作的书籍等。

在聊天的过程中，针对我谈到的某个话题，编辑突然说："啊，这个主题似乎可以出一本书呢！"一开始，他的口吻像是在开玩笑，但进一步针对书的标题和内容聊了一下，就逐渐变成以出版为前提的谈话。

编辑的工作是制作书籍，他们总是在寻找有趣的题材和畅销书的点子。与我见面虽然没有明确目的，但隐含寻找题材的意图。

虽然写作不是我的本业，但我也很重视。只要有想向社会大众传递的主题，我便会积极地以书籍的形式发表。

话虽如此，编辑并不是和人见面就决定出书。现今出版市场萧条，出一本卖不好的书等于给自己扣分，所以编辑都非常小心谨慎。我的本业是律师，也不想浪费时间写一本没有意义的书。

当时的会面，就是在双方若有似无的期待下开始。

商务闲聊发挥作用的条件

我们见面后先闲聊了一下，找出双方都感兴趣的话题，拉近彼此的距离，之后谈话便越来越聚焦。

这种方法不以导出结论为目的，而是从重视量胜于质的自由发言中，引导出崭新的创意。这种手法类似头脑风暴（Brain-storming），但有决定性的差异。

头脑风暴虽然是自由发言，却有一个明确的目的，那就是激发创意。然而，刚才我举的例子并非以出书为目的。事实上，我只和这位编辑见过几次面，如果今后没有机会共事，很可能永远不会再见面。

聊天正好可以在这种不紧密的关系中发挥作用。

聊天和在社交网站上发表动态，例如我现在正在××、我刚才吃了××等不同。这些发文大多不是针对特定人的信息，对发文感兴趣的人可以自由留言或点赞回应，是一种更不紧密的关系。

聊天则有特定对象，完全是在意识到谈话对象的状态下找出话题。商务闲聊的定位，介于会议、商谈和在社交媒体上发表动态之间，蕴含丰富的商机。这也是各行各业的人都必须具备闲聊能力的原因。

> POINT　意识到谈话对象的发言，可以碰撞出商机。

在会说话的人眼中，
不存在无意义的聊天

说到聊天，有些人认为都是一些废话，还有些人质疑真的有聊天的必要吗，甚至有人觉得聊天像是在职场上咬耳朵。假使大家都不闲聊，会怎么样？

职场上大概只剩下工作交办，以及"好，我知道了"的回复。这样不可能建立良好的人际关系。**不聊天，就不知道那个人是怎样的人。**倘若你完全不了解对方在想什么、有什么感受，自然无法信任他，无法传达自己的感受让他知道，也很难营造出轻松的氛围。

不擅长聊天的人似乎以男生居多，其中有很多人都认为，自己的一举一动都必须有意义才行。

"聊天只会浪费时间，没有意义。"

"老谈些没有结论的事,只要对方回一句'然后呢',不就都白谈了?"

这些人或许是因为找不出聊天的意义,才不会闲聊。

将达成目的视为任务

除了聊天,他们也认为逛街是一种没有意义的行为,所以越来越不会去逛街(也可能他们一开始便不做这种事)。不过,若硬要赋予逛街一个目的,会变成什么样子?

比方说,如果让逛街具备以下目的,就会立刻变成有意义的行为:

- 掌握社会流行的脉动。
- 借由观看店员和顾客交谈,理解卖方与买方的心理变化。
- 陪女友逛街,赢得她的好感。

同理,如果赋予聊天以下目的,便会变成有意义的行为:

- **天南地北地聊,加深相互了解,进而获得对方的好感,并建立信赖关系。**
- **很难一下子就进入主题,先通过聊天营造气氛。**
- **稍微说些离题的话,试探对方真正的想法。**

当然，我们必须小心避免对工作有害的咬耳朵，以及会破坏人际关系的闲聊；但有助于工作和强化人际关系的谈话，则应该积极参与。

> **POINT** 赋予所有闲聊目的，让谈话富有意义。

满足对方的社交需求和尊重需求，迅速赢得对方好感

恕我冒昧，请问你擅长聊天吗？可以立刻回答"擅长"的人，应该不多。最近市面上出现的几本关于聊天的书，都颇受欢迎，正是因为多数人都自认不擅长聊天。

前言中提到过，我原本也不擅长聊天。我不太喜欢和别人分享自己的事，而且由于职业的关系，我不管说什么，都习惯组织可以导出结论的逻辑，再顺着逻辑有条有理地说话。

如果在词典里查聊天这个词，字义是各式各样的谈话、不着边际的对话。由此可见，聊天不是针对某个主题交谈，然后有逻辑地导出结论。另一方面，商务工作一定有其目的。若以定义来看，没有目的的闲聊和有目的的商务工作恰

好相反，聊天似乎在工作上完全派不上用场。

不过，你或许也发现，工作能力很好的人通常都很会聊天。**业务人员便是最好的例子，为了和客户保持良好关系，让商谈顺利进行，在进入主题前都免不了先闲聊一番。**

公司内部的关系也是如此。在和主管、下属、同事谈公事时，是不是时常伴随一些闲聊？聊天能让资讯传达更顺畅，具有润滑油的功能。连自认为不擅长聊天的我，回顾一路走来的经历，也发现自己在工作时经常闲聊。

比方说，来律师事务所求助的委托人当中，有些人可能极度紧张，如果不先闲聊一下让他们放松，根本无法进入主题。此外，要和其他律师或职员建立良好关系，聊天也很重要。换句话说，工作时的闲聊看似不着边际，却是为了达成目的必备的手段。

我最近在想，能否借由分析商务闲聊的内容，找出一套讲述谈话策略的方法。正因为我原本就不擅长聊天，才会思考能否传递对各位商务人士有帮助的资讯。

用聊天满足心理需求

不知道各位有没有听过马斯洛人类需求五层次理论？这

个理论是由美国心理学家亚伯拉罕·马斯洛所提出,主张人类的需求是由一个五层金字塔组成,先有低层次的需求,在低层次需求得到满足后,才会产生更高一层的需求。

人们对于满足自己需求的对象会产生好感。换句话说,只要通过聊天满足对方的需求,便能获得对方的好感。

首先是生理需求和安全需求,也就是和父母、配偶等家人之间的关系。家人会满足自己的生存需求,提供一个家,以确保安心与安全的生活。不过,要靠聊天建立这种关系很难,所以这里先不谈。

其次是社交需求,简单来说,就是想拥有伙伴。聊天锁定的目标便从这里开始。

借由聊天找出自己和对方的共通点,设法成为伙伴,努力让对方和自己归属于同一个群体。如此一来,便能使对方产生好感。

接着是尊重需求。每个人都希望获得他人的认可,得到好评价,因此尊重、赞美并赞同对方的意见,满足他的尊重需求,就可以获得对方的好感。

最后则是自我实现需求。为了使对方充分实现自我,你和对方必须具备某种程度的关系,如主管、前辈、教练等。

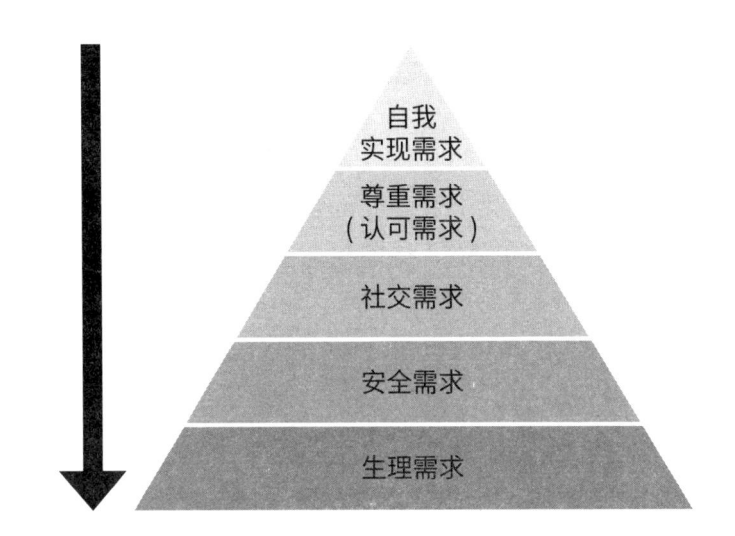

```
        自我
       实现需求
      ──────────
      尊重需求
     (认可需求)
    ──────────────
       社交需求
   ──────────────────
        安全需求
  ──────────────────────
        生理需求
```

第 1 层：生理需求

维持自身生存最基本的需求、本能的需求，例如食欲、性欲、睡眠欲望等。

第 2 层：安全需求

保障自身安全，避免危险，确保安心与安全生活的需求，例如稳定的经济收入、健康的生活、衣食住行等。

第 3 层：社交需求

追求爱情与归属关系的需求。通过人际关系被他人接受，拥有伙伴，归属于某个群体，如公司、家庭、国家等。

第 4 层：尊重需求（认可需求）

存在价值被群体认可、受到尊重的需求。除了他人认同的地位、名声、特权和关注之外，也包含自我评价。

第 5 层：自我实现需求

将个人能力与可能性发挥到极限，实现理想和抱负的需求。

由此可见，我们必须借由聊天，拟定适当的策略，才能满足对方的社交需求和尊重需求。

> **POINT** 进行商务闲聊时，采取适当的策略，满足对方的社会需求和尊重需求。

想知己知彼，
就用金字塔六层次组织谈话

聊天要得心应手，必须按部就班，一步一步地往上爬。在此用闲聊金字塔来说明。

首先，最底层是聊天的目的。弄清楚自己现在为什么要聊天，是一切的出发点，也是聊天的基础。

聊天的目的很多，例如谈工作前先营造气氛，顺利进入主题前的准备，和对方建立良好关系，说自己的事让心情愉快，想多了解对方，只要能打发时间就好等，每个人都有不同的目的。

而且，聊天的目的会影响闲聊的话题和认真程度，甚至造成遣词用字或反应的不同。所以，必须先弄清楚自己聊天的目的。

```
        言辞
       话题
      受人喜爱
     了解对方
    了解自己
   聊天的目的
```

第 1 层：聊天的目的

弄清楚为什么要聊天。商务闲聊必须有目的。

第 2 层：了解自己

了解自己到底是哪一种人，擅长什么，不擅长什么。

第 3 层：了解对方

了解对方的性格与喜好，就容易提供对方喜欢的话题。这是和第 4 层衔接的步骤。

第 4 层：受人喜爱

被对方喜欢很重要，因为没有人想和自己讨厌的人聊天。

第 5 层：话题

不论对方再怎么喜欢自己，如果对话无法持续就没有意义，所以必须根据前四层来提供话题。

第 6 层：言辞

不要因遣词用字而被扣分。在关键时刻出错，一切都是枉然，金字塔也会跟着瓦解。

聊天时要活用兵法

有明确的聊天目的之后,接下来最重要的是了解自己。自己是什么性格的人?聊天时擅长主导谈话,还是擅长倾听?若不擅长聊天,又是属于哪一种类型?了解这些细节,聊天时便能明确自己的定位。

明明不擅长却拼命说话,对话只会显得很不自然。如果你擅长倾听,那就像平常一样聆听对方说话,适时做出反应,配合对方的话题去说,这样做的好处是心理负担比较轻,对话自然比较流畅。

接着是了解对方。《孙子兵法》中说:**知己知彼,百战不殆。聊天虽然没有敌我之分,但道理相同。**了解对方的性格,掌握他的喜好和兴趣,就能提供相关话题。如果一切顺利,对方会很乐意和你聊天。所以,搜集对方的个人信息很重要。

了解对方之后,要思考如何使对方喜欢自己。**聊天是为了和对方建立良好关系,因此赢得对方的好感非常重要。**我们必须知道怎么让对方喜欢自己,并在聊天时好好运用。

接下来是话题。配合聊天的目的、对方的性格与喜好,提供可获得好感的话题。只要考虑到这一点,自然会选择对方喜欢的事物、感兴趣的内容、双方共同的话题等,作为聊天的题材。

话题决定之后，必须留意言辞。想打动一个人不能光靠逻辑，因为人总是以情感为优先，然后试着用逻辑将情感合理化。所以，说话时必须先考虑对方听了会怎么想，要使用不会伤到对方、能使他心情愉悦的言辞。提出问题前，最好也要想清楚该怎么问，能让对方比较容易回答。

综上所述，聊天可以分为六个层次，由最底层依序向上，来组织谈话内容。

> **POINT** 只要意识到这一点，大家都可以进行策略谈话。

用闲聊矩阵消除对方戒心，
才是真正的破冰之道

想借由聊天赢得对方的好感，加深信赖关系，要以什么定位来进行对话比较好？

聊天时的对话定位，可以用下页的矩阵图来表示，纵轴代表对话内容深入个人隐私的程度，横轴则代表希望和对方交谈的程度。

初次见面还存有戒心时，当然不想谈及私人话题，因此必须从左下方①的位置来对话。然而，很喜欢对方也互相信任时，会聊到比较多的私事。

所以，**不管任何情况，几乎都会从左下方的①开始闲聊。**接着必须思考，怎么走才能抵达右上方的目标区。换句话说，聊天时不能突然切入右上方的目标区，而是必须循序渐进。

抵达最终目标的两条路

要抵达目标区,该怎么走才好?其实有两条路。

第一条是经过右下方②的路,持续聊一些不痛不痒的内容,以到达②为目标。尽管内容无关紧要,但重点是选择对方可能感兴趣的话题。

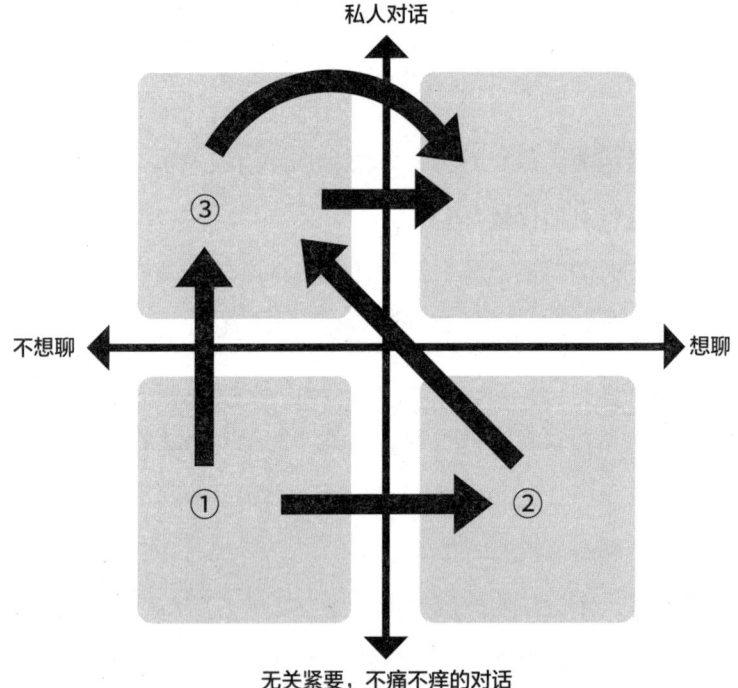

私人对话

③

不想聊 ← → 想聊

① ②

无关紧要,不痛不痒的对话

大多数情况下,商务闲聊都定位于①的位置。虽然也有①至③的速攻法,但原则上还是循着正规路线,经过②来进行对话。

举例来说，先从天好热这种无关紧要的话题开始，然后谈论对方喜欢的高尔夫球。像这样建立某种程度的信赖关系后，便可慢慢切入比较私人的领域，例如请问令尊是做什么的之类的话题，再朝着左上方的③前进。逐渐提高亲密程度，最后再以右上方的目标区作为终极目标。

另一条路是由左下方①的位置开始对话，然后直接切入私人领域。例如先透露自己的隐私，消除对方对谈论私人话题的排斥感，再提供引起对方兴趣的话题，抵达最终目标区。

不过，**这种速攻法必须搭配人品和技巧。**对不擅长聊天的人而言，按照①、②、③的顺序抵达最终目标区，应该是最不容易失败的正规路线。

> POINT　不要想着速战速决，而要循着正规路线进攻。

让对话不中断，
就用 QART 循环技巧

QART 循环是让谈话绝对不会中断的技巧。即使对方不想再聊，运用这种技巧，谈话仍然可以继续。

QART 循环是以问题为中心来组织谈话的内容，但不光是提问就好。

聊天是为了共享情感，因此这个技巧是要让双方能好好交谈，持续闲聊。为什么以问题为中心，对话便不会中断？关键在于提问的功能。

假设现在我和你在一起，我问你："昨天你几点睡的？"此时，你的脑海里会浮现什么画面？

首先，你试着回忆昨天发生的事，例如："咦？我昨天几点睡的啊？我是十二点左右上床的。"于是你回答："我昨天十二点左右睡的。"这便是提问的功能。

换句话说,因为我问"昨天你几点睡的",所以你自动回想昨天几点睡的,然后自动回答昨天睡觉的时间。由此可知,**提问的两大功能是针对问题的内容,①让对方去想;②让对方回答。**

只要提问,对方总会回答些什么,对话便不会中断。当然,如果就此展开问题攻势,只会令对方觉得不愉快。因此,等对方回答后,自己要表现出赞同、肯定等反应,有时

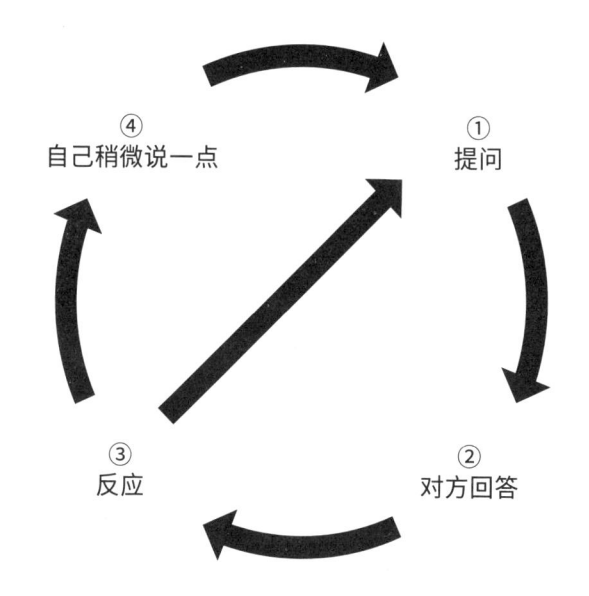

```
        ④                              ①
  自己稍微说一点                      提问


        ③                              ②
        反应                         对方回答
```

①提问——②对方回答——③反应——④自己稍微说一点——①提问
(原则上是由①——④循环下去,但有时可能是由③——①)

也说说自己的情况，再进入下一个问题。这样一来，对话就会依照下图的方式发展。

接下来，用以下这个例子来说明：

①提问："昨天你几点睡的？"
②对方回答："嗯，大概十二点左右。"
③反应："咦？还真晚呢！"
④自己说："我十点左右就睡了。"
⑤再次提问："一般你都睡几个小时？"

对方无法忽视⑤的问题，应该会自动去想："我睡多久啊？大概六小时吧。"接着回答："大概六小时左右。以前我只睡四五个小时呢！"然后，同样的循环便一直会持续下去。

"咦？你只睡四五个小时吗？你真的很忙呀！如果是我，隔天一定没有精神。请问您从事什么工作呢？"如此一来，对话就不会中断。

有些时候，可以省略自己说的部分，提问并等对方回答后，针对回答做出反应，然后提出相关问题。

估算话题快要结束的时间点

使用 QART 循环技巧时,重点是在对话快结束时提问。当自己说完时,如果对方没有任何反应,或是对方回答后自己没有反应,闲聊就结束了。因此,**在对话快结束时提问,便能让对话一直持续下去。**

这种技巧其实经常运用在男女关系上。比方说,用微信或通过社交网站聊天,当话题快要结束时,为了不使对话中断,在最后提出"对了,××小姐,你喜欢葡萄酒吗"之类的问题。

抛出问题让对方回答,对话便得以持续。**因为在你提出问题后直接关闭微信或社交网站,总觉得有些尴尬,所以就会回答。** QART 循环技巧运用的正是这种心理。

> **POINT** 在进行商务闲聊时,高明的提问技巧格外重要。

> 担心找不到话题、怕被讨厌都只是庸人自扰,能聊得开心最重要。

第2章

为什么
有些人一开口就冷场

不善言谈的类型有四种，你是哪一种

聊天是为了营造现场的氛围，同时也是为了缩短和对方的距离。换句话说，我不擅长聊天代表抱持这种想法："想营造良好的气氛，却找不到话题，说不出话。""想缩短和对方的距离，却想不出该说些什么，结果陷入一阵沉默，使气氛变得很尴尬。"

也就是会出现这样的状况：和同事一起去吃午餐，却不知道说什么才好；公司聚餐时坐在主管旁边，想要有良好的互动，却想不出任何话题；拜访客户时，想先通过闲聊来缓和气氛，却持续沉默，反而搞得气氛很尴尬。

相反，只要有很擅长聊天的人在场，现场就会变得很热闹，笑声不断，可以营造出很好的氛围。

有些人不论和谁在一起，不管谈论什么话题，都能开心地持续对话。像是知名主持人塔摩利（日本）和搞笑艺人明石家秋刀鱼（日本）等，都让人觉得他们真是闲聊的天才，因此他们的人气能历久不衰。

我每次看到擅长聊天的人，总是会想："我到底哪里跟他们不一样？"擅长和不擅长聊天的人，究竟有什么不同？

不擅长聊天的人可分为四种类型。如果你认为自己不擅长聊天，请试着分析自己属于哪一种类型。只要知道自己所属的类型，自然能找到相应对策。

接下来的章节中，我会具体描绘四种不擅长聊天的类型，想想自己属于哪一种。不过，**想知道自己所属的类型，必须冷静地进行自我分析。**请舍弃一厢情愿的认知："我应该不是这样。"冷静地自我省思。

> **POINT** 想知道自己为什么不擅长聊天，必须冷静地进行自我分析。

【类型1】
总担心对方怎么想？
纯粹是自我意识在作祟

聊天和信件或电子邮件不同，必须依靠当下的判断来回应对方，或是自己展开话题。因此，若错失发话时机，就无法顺畅地聊下去，甚至陷入沉默。

有些不擅长聊天的人聊到一半，突然想到某个词汇、某个话题或某个故事，但在说出来之前，便过度担心"我讲这个，对方会怎么想"，最后连一个字也说不出来。

举例来说，还没开口就先担心："我这样讲，他会不会讨厌我。""我提出这个话题，他会不会觉得这个人真是个白痴。"因为被这种顾虑影响，无法在最佳时机说出好不容易才想到的话，结果什么都没说。

各位可以想想看，**谈话对象真的会逐字逐句地听你说话吗？** 其实，很多人根本不会仔细听，也不太记得聊天的内容。

在谈话的过程中，有时确实会觉得对方说的话有点奇怪、印象不太好，但那是一瞬间的事。只要不是太离谱，聊完一阵子之后，不好的情绪很少会留着。

想想自己的亲身经历应该就能理解，聊天时听到对方说的话，应该没有人会逐一下评语，例如"真够笨的""眼界真狭隘"等，然后这种负面印象还久久挥之不去。

相信各位都曾在聊天时听过这句话："咦？刚才说到哪里了？"闲聊就是这种程度的事。

此外，在谈话节目中，经常可以看到搞笑艺人诙谐逗趣地大谈自己的失败经验。其中也有一般人绝对不会犯的错，或是让自己看起来像个白痴的案例。不过，很少人把这些失败经验当真，认为"他会这样失败，实在是笨透了"，反而多数人觉得这样很有亲切感："他真有趣。"因此产生好感，说不定还觉得："这个人很会说话，真是个聪明人呢！"

总是因为聊天内容而担心对方怎么想的人，应该先审视自己是不是自我意识过强。

聊天是为了营造现场的氛围，所以聊得开心最重要。说话时的开朗气氛会使对方产生正面情绪，留下好印象。至于担忧谈话内容，几乎都只是庸人自扰。闲聊成功与否，取决于说话的方法。

> **POINT** 不需要太在意谈话内容，聊得开心最重要。

【类型2】
找不到话题?
那就用麦拉宾法则①

有个著名心理学概念被称为"麦拉宾法则"（Rule of Mehrabian）。简单来说，就是研究在人与人沟通时接收的资讯里，有哪些要素会对对方产生影响。研究中举出了三项要素，分别是言语（谈话内容）、语调和语速等听觉资讯、外表等视觉资讯。

麦拉宾发现，假设资讯对一个人的整体影响为100%，言语的影响只占极低的7%，语调、语速等听觉资讯的影响约占38%，外表等视觉资讯的影响约占55%。换句话说，**影响沟通的资讯，有九成以上是言语以外的部分。**

---

① "麦拉宾法则"：由美国心理学教授艾伯特·麦拉宾提出。

关于言语资讯和非言语资讯对沟通的影响，这项研究提供了重大启发。我最近针对商务闲聊的效果与技巧想了很多，认为麦拉宾法则可以充分运用在聊天上。

在不擅长聊天的人当中，是不是有不少人因为找不到好话题，便沉默不语？**这种人在和对方初次见面之前，总会过度担忧"要说什么才好""不知道能否找到好话题"。**他们正是会去看"闲聊必备话题"之类书籍的人。然而根据麦拉宾法则，言语资讯对沟通的影响力其实很低，只有约7%而已。

比起话题，更应注意外表

特别是聊天时的言语影响力，应该比简报或协商更低。各位可以回想自己的经验，比方说，几天前无意间和同事或客户闲聊，现在是否还清楚记得当时说了些什么？相信绝大多数人都不记得。

因为找不到话题而自认不擅长聊天的人，最好改变对聊天的认知。**说不定闲聊不顺利，不是因为找不到话题，而是因为太担心找不到话题，把紧张全写在脸上，进而变成传递给对方的资讯。**

闲聊成功与否的关键在于，能否给对方言语以外的正面感受，例如"快乐的气氛""对方笑了"等。让我们复习一次麦拉宾法则：言语的影响只占极低的7%，语调、语速等听觉资讯的影响约占38%，外表等视觉资讯的影响约占55%。所以，想让闲聊成功，必须先注意自己的外表是否干净、是否穿着奇装异服。

举例来说，如果谈话对象的鼻毛从鼻子里跑出来，你可能会转移注意力，无法专心聊天。以后你每次见到那个人，大概都会想到他的鼻毛。

另一个关键是态度和表情。如果一直面带笑容，认真聆听对方说话，加上各种肢体动作，创造出愉快的氛围，就会给人留下好印象。各位可以试着自己研究最合宜的语调和语速。

只要这么做，便可决定你给对方印象的93%。如此一来，应该能摆脱不擅长找话题的烦恼。

> **POINT** 太担心找不到话题，反而让闲聊无法顺利进行。

【类型3】
不想说没意义的事？
闲聊才是关键

有些不擅长聊天的人，不喜欢跟别人说没有意义的话。其实，我也是这种类型的人，由于工作的关系，讲话时习惯有条理地导向结论，好像在法庭上陈述意见。

我不喜欢说话不着边际，或是谈论自己的隐私等。不论想到什么话题，最后都会演变成这种话对对方一点意义也没有，还是不要说好了。

因此，我很了解这样的想法："我不想和工作往来对象说没有意义的话。""正因为是工作，更应该说些有意义、对将来工作有帮助的内容。"然而，**只要你抱持这种想法，便绝对无法消除聊天时不知道说什么才好的烦恼。**前面提到过，聊天的词义是"各式各样的谈话、不着边际的对话"，谈话内容本来就没有意义。

以闲聊的经典话题天气为例,"今天天气真不错""最近天气真的变冷了"这种内容,一点意义也没有。

没意义便是有意义的商务闲聊

若问我平常是否都不跟别人聊天,其实倒也不是,反而应该说,我每天都在闲聊。如同前面提到过的,聊天也是促成本书撰写的契机。

刚才说聊天是不着边际、没有意义的对话。但内容没有意义,不代表聊天这个行为没有意义,也不表示聊天得不到任何效果。很多人反而觉得,聊天是工作中不可缺少的一环,同时也是一种工作技巧。

不擅长聊天的人会烦恼,是因为虽然知道没有意义的对话很重要,却无法做得很好。如果真心认为没有必要,当然不需要烦恼。

正因为聊天的内容没有意义,聊天这个行为才有意义。明明才初次见面,对对方一无所知,在这种情况下,一开口就谈工作,总让人觉得有些不自然。即使为了工作,希望和对方建立良好关系,要是完全不了解对方,也不知道该从何着手。

就算是同事，如果完全不聊天，只是独自进行行政工作，有时难免会因为没有掌握对方谈话的确切含意而招致误解，甚至是失败。

通过聊天，可以了解对方的人格特质，能让初次见面的人拉近距离，并建构促使工作变得顺畅的人际关系。**从这个角度来看，聊天可说是一座黄金大桥，通往真正有意义的对话。**

这么一想，自然就知道，那些太重视事物的意义、不想说废话的人，该如何看待聊天这件事。**聊天时不需要考虑内容的一致性，或是对对方有什么好处。说废话正是闲聊的关键。**

想和对方建立良好关系，聊聊没意义的内容是必要手段。工作时不想说废话的人，何不从这种策略性角度，来看待聊天这件事呢？

> **POINT** 正因为聊天的内容没有意义，闲聊这个行为才有意义。

【类型4】
说话没重点？
逻辑严密不如情感共鸣

在不擅长聊天的人当中，有些人说话没重点，或是越讲就越搞不清楚自己要讲什么。不少人正是因为察觉到这一点，才认为自己不擅长聊天，甚至变得胆怯。**这些人认为如果要说话，就要像做简报一样，从头到尾都只讲事先准备好的内容。**然而，聊天不可能事先做准备，所以他们觉得自己不擅长聊天。

令人感到意外的是，很多律师都属于这种人。律师擅长有条不紊地说话、写作，但在进行日常对话时，却常让人觉得不知所云。如此一来，他们变得讨厌说话，也因为不会聊天，无法与客户建立良好关系，甚至影响到本职工作，形成恶性循环。

本来就不需要重点

对于聊天时说话没重点的人,我只有一句话要送给你们:"聊天不需要重点。"聊天的内容本来就没有意义,完全不需要符合逻辑,只要抱持想和对方建立良好关系的心情即可。

如果把聊天时的词句化为文字,应该都是一些感受性的、几乎没意义的文字,例如"好厉害""那种感觉我很了解"等。只要有这种程度的话语,对话便足以成立。

聊天是一种沟通,目的是让彼此的情感产生共鸣,因此就算只是堆叠一些表达感受的词汇,例如"吓我一跳、好漂亮、好酷"等,也无所谓。即便话语前后矛盾也没关系,对方不会敏感地发现这些矛盾。若对某件事的感受和之前说的时候完全相反,只要再说一次即可。

即使你说:"虽然我刚才那么说,但其实应该是这样才对。"对方应该也不会在意。对方不会说:"这不是和刚才的说法矛盾吗?这样太奇怪了。请具体说明你为什么改变看法!"

一开始说话时,没有明确结论也无妨,换句话说,聊天本来就不需要有明确的结论。**如果你担心讲着讲着,内容便乱成一团,可以一开口就先说:"我还没办法整理得很好。"或是"这个想法不太符合逻辑"。**

习惯使用逻辑来表达的人，非常不擅长表达自己的感受，从某种程度来看，这甚至是一种很可怕的说话方式。

不过，各位可以试着分析喜欢聊天的人怎么说话。你应该会发现，很多人都是凭感觉在说话，想到什么就说什么。你也许可以模仿他们，或是平常走路时，一边看看四周的风景，一边立刻把感受说出来，这样可以训练自己的闲聊能力。

只要用这种方法展开对话，便能如释重负："什么嘛，原来只要这样做就好！"

> **POINT** 聊天时不需要重点，能传达感受才是关键。

自我介绍只说基本信息？
不够！还得凸显自身功能

现在你已经了解自己是哪一种类型的人，也知道相应的对策，下一步便是自我介绍。

和初次见面的人聊天时，经常必须简单地自我介绍，很少见到只交换名片就算打完招呼的情况。事实上，如果工作上常需要接触不同的人，应该要准备一段随时能派上用场的自我介绍。

自我介绍除了姓名之外，还会选择一些能凸显性格的话题，例如年龄、血型、出生地、就读大学，或是兴趣、拿手技能、喜欢的食物等，然后从中找出对方感兴趣的话题，开始闲聊。

然而，商务闲聊很少只是为了和对方和睦相处，大多还有其他目的。**在工作场合和其他公司的人交换名片并谈话，**

通常都有后续目的，像是想将商品卖给对方、想接对方公司的订单等。

若想建立私人情谊，就在自我介绍里加入个人资讯。若只想有工作上的往来，即便是自我介绍，也不太需要说明个人资讯，如出生地或兴趣等，此时需要的是，直截了当地说明自己和自家公司提供的商品或服务。

以下面的自我介绍为例：

我是××股份公司的业务部长××。我们公司位于东京都港区，创立至今已有五十年的历史，产品在××业界拥有30%的市场占有率。

这是很常见的自我介绍内容，但若目的是与对方签约，这样的自我介绍其实不太管用，因为对方其实不想知道这种类似公司简介的资讯。

来我们事务所登门拜访的业务员中，有些人会这样介绍自己。但是，我对这种资讯一点兴趣也没有，很想直接问：你对我们事务所能有什么帮助？

在第一次接触时凸显自己的存在价值

在工作场合进行自我介绍时,应该要让对方知道,**你这个人的存在对他有什么意义,能为他带来什么帮助。**

我以律师这个职业为例来做说明。首先是不好的例子:

> 我是律师谷原诚,今年四十七岁,担任律师已经二十二年。我协助客户处理各种法律问题。我什么问题都可以处理,如果您有任何困扰,请务必与我联系。

律师本来就必须处理各种法律问题,什么都得做,因此上述自我介绍说得一点也没错。然而,如果是不熟悉法律问题的人,听完这段自我介绍,还是不知道可以找你咨询什么事。等到真的发生问题时,大概也不会想到你。

为了和实际工作产生联结,在说明姓名等资讯之后,必须加入以下内容:

> "我可以为贵公司解决劳工问题,拟定防患未然的对策。"
> "我可以以车祸受害者的代理人身份,替您请求损害赔偿。"

"若您或您的亲朋好友有这类问题，我第一次可以免费咨询，请先来找我聊聊。"

自我介绍时，最好让对方知道你具体能帮上什么忙。**自我介绍是工作场合最重要的第一次接触，必须根据自己的谈话对象和想达到的目的，选择能发挥最大效果的话语。**

接下来如果还有时间，进一步说明自己为什么要处理这类问题，可以使对方留下更深刻的印象。

和初次见面的人交换名片、进行自我介绍，是为了让对方在短时间内了解你，觉得你是工作上值得往来的人。所以，自我介绍并非随意描述自己认定的自我形象。

> POINT　所谓策略性的自我介绍，就是说明自己能帮上对方什么忙。

发言不能一厢情愿，
要站在对方的立场设想

为了和在宴会或交流会等场合认识的人有工作往来，自我介绍是不可缺少的手段。因此，必须准备对工作有帮助的自我介绍内容。

做生意是要让对方购买商品或服务，所以有助于工作的自我介绍，就是让对方知道你是对他有用的人。

如果有人花一万元购买某项服务，代表他认为这项服务价值一万元以上，使用这项服务之后，自己的生活将变得更好，或是对公司获利有帮助，于是他选择购买。

站在对方的立场自我介绍

这么想来，自我介绍时必须展现"自己能提供这种贡献"。换句话说，要站在对方的立场进行说明，而不是单纯地自吹自擂。

各位觉得以下这种自我介绍如何呢？

我们是让您心情雀跃的专业清洁公司，我叫××，我的工作是让您家里的浴厕、厨房、燃气灶、空调等光亮如新。如果家里不干净，心情就不会好，也会影响健康。我们每天努力工作，让您的家永远窗明几净，相信您全家人都会心情愉悦，每天笑声不断，家里充满幸福感。

这是一篇从不同观点切入的自我介绍，其中有下列四个重点：

①站在对方的立场（打扫浴厕、厨房、燃气灶等容易脏又难清洗的地方）。
②宣传口号（"心情雀跃"）。
③自己能帮忙对方什么（打扫家里当然有益于家人的健康）。
④对工作的用心（通过打扫创造幸福家庭）。

此时，完全不需要自以为是的发言。千万不要忘记，对方在听你自我介绍时，想的是这个人可以帮我什么忙。

工作场合中有很多自我介绍的机会，因此，先写好一篇自我介绍的文章，并且背下来，也是不错的做法。

> **POINT** 自我介绍是向眼前的对象说明，自己能帮上什么忙。

> 聊天高手会正确掌握对方的谈话内容与意图,把他们当作主角。

第3章

百试不爽的说话法则,成就超级业务员

推销时要介绍产品，
更要赞美对方品位

说到聊天高手，脑海中似乎就会浮现"擅长赞美"的印象。**赞美可以满足对方的欲望，这种行为在私人场合和商务闲聊中都很有效果。**

我在二十五岁时当上律师，也领到相应的薪资。因此，我刚成为律师时，便决定要买人生中的第一台车，在看了许多杂志后，锁定丰田和斯巴鲁。

我不清楚现在的卖车方式，但当时只要打通电话给经销商，他们就会派人到事务所。于是，我打电话给丰田和斯巴鲁的经销商，业务员便带着型号单前来拜访。

丰田的业务员在我进入会议室和他交换名片后，就打开精美的型号单，开始说明丰田汽车的优点：

这台车很省油，每年花在车子上的钱（包含油钱、税金和保险等）比较少，而且车内空间也比较宽敞。

他说得口若悬河，令我印象深刻、佩服不已："不愧是丰田的业务员，口才真好！"我看着精美的型号单，听到这样的说明，深深感受到那台车的魅力。

接着，我请斯巴鲁的业务员来事务所。我们交换名片并隔桌对坐后，那位业务员便开口说：

哇，你这么年轻就当上了律师，实在是太厉害了！我原本以为是更年长的人呢！

然后，他又不停地抬举我：你一定读了很多书，二十五岁就当上律师，你一定很受女孩子欢迎，你真的很孝顺，等等。**虽然知道这只是些客套话，但是他一直这样说，我慢慢开始信以为真。**

聊了三十分钟左右，那位业务员终于翻开型号单说："像谷原先生这么年轻帅气的人，如果开这台车，一定是相得益彰！"接下来，他几乎没介绍什么车子的功能就回去了。

闲聊力比商品说明力更重要

我反复翻阅丰田和斯巴鲁的型号单，思考着要买哪一台车。虽然我理智上知道要好好考虑再做出选择，可是心早已偏向斯巴鲁，因为在闲聊时，业务员让我心花怒放，而且脑中深植着自己帅气地开着斯巴鲁的形象。最后，我买了斯巴鲁的车。

这次经验让我体验到聊天的力量。即便把商品说明得再完美，如果你的对手会利用聊天使人产生好感，你就已经失败了。

以律师为例。如果有两位律师，一位能力很强，但看起来很冷漠；一位不知道能力如何，但令人非常有好感，多数客户都会选择后者。前面提到的经销商和律师也是一样，不论在业界，大家公认他多么有能力，一般人也未必知道。

这样想来，各位应该能认同在工作场合，闲聊力比能力更重要的说法。通过聊天让对方感到愉快，获得对方的好感，便能让后续工作顺利进行。

> **POINT** 所以，先让对方喜欢自己吧。人们总是拿自己喜欢的人没辙。

拜访前做好充分准备，
当个提问高手

擅长赞美的人容易获得对方的好感，这一点毋庸置疑。然而，并非每个人都擅长赞美。第 4 章也会提到，想赞美得恰到好处，出乎意料地难。因此，**我要给各位两项建议，就是事前准备和当个好听众。**本节先针对事前准备这一点做说明。

聊天给人的印象是不着边际的对话，想到什么便说什么。但实际上，聊天高手拥有丰富的知识，不论面对什么话题都游刃有余，还能使话题持续发展，营造出开心的氛围。

我们一般都以为，不擅长聊天的人不可能马上变得很厉害。真是如此吗？**其实，即便有所限制，只要事前准备，还是可以在现场扮演聊天高手，应付各式各样的话题。**

聊天高手几乎个个知识渊博，这种先天的差异必须靠事前准备来弥补。

如果可以事前准备，一定要当个提问者

假设你要拜访一家公司，应该会先仔细熟读该公司的官网或出版物、印刷品。如果刚好有社长的采访报道，你应该也会事先研读。此外，还会学习该公司所处业界的相关知识与最新趋势。这些是属于知识的部分。接着你根据这些知识，写出要问对方的问题和给对方的赞美：

"贵公司创业不过十年，就已经跃居业界龙头，这期间应该有不少辛苦的经历吧？"

"我听说社长是长崎人，请问您为什么来到东京呢？"

"贵公司的技术力真是无与伦比！特别是××的市场占有率高达65%，实在是太厉害了！"

尽可能多写一些这样的台词，等累积到一定程度后，把它们背下来，练习说个几次。像是演员练习演戏一样，假设对方就在你面前，试着练习说说这些台词。

另一个重点是，前去拜访时，尽量让自己成为提问的一

方。只要提出问题，对方便会回答你，也就是说，你可以借由提问来掌控话题。**因为你已通过事先学习，有了丰富的知识，若把话题控制在自己了解的范围内，自然可以从容应付。**

运动选手天天努力锻炼，并且通过意象训练①迎接正式比赛的到来，最后赢得胜利。演员背好台词，一次又一次地排练，上台后成功用演技打动人心。聊天也是同样的道理，**事先做好准备并反复演练，就能在现场成为聊天高手。**从这个角度来看，若说"闲聊要成功，九成靠准备"也不为过。

那么，事前不知道会见到谁，或是偶然遇见一个人时，又该如何是好呢？这时便要拿出第二条对策：当个好听众。详情留待下一节再做说明。

> **POINT** 事前就知道会见到谁、在哪里见面，任何人都可以成为聊天高手。

---

① 意象训练：指在脑海里重温或创造运动中的情境，是运动员常用的心理训练。

没话题时，
像卡耐基一样去聆听

我不擅长聊天，很难自己设定话题并且和别人聊起来。因此，我经常扮演听众的角色，适时提问，或是针对对方的谈话提出一点意见。不过，每当我说我真的很不擅长聊天时，周遭的人总会说你又来了，或是你明明就很擅长。这到底是怎么一回事呢？

世界著名人际关系学大师，同时也是沟通专家的戴尔·卡耐基，在他的著作《如何赢取友谊与影响他人》中，提到以下这段小插曲。

在某次宴会上，卡耐基遇到一位知名植物学家。他在听完植物学家的话后，觉得植物的话题很有趣，于是兴致勃勃地和植物学家聊了几个小时，完全忘记现场还有其他宾客。

谈话期间，卡耐基因为完全不了解植物学，没有任何说话的题材，只是专心聆听植物学家的谈话。他听完之后，觉得植物的话题实在太有趣，便说了许多赞美之辞。

据说当卡耐基要告辞时，那位植物学家赞美他是世上少数会说话的人。卡耐基表示：我明明只是听他说话而已，他说我很会说话，着实让我吃了一惊。

他在书中引用美国作家杰克·伍德福德（Jack Woodford）的这句话：

很少人能抗拒别人对你的注意，那是最不着痕迹的恭维。

那位植物学家很开心地说了几个小时，卡耐基的赞美应该充分满足了他的自尊心。于是，他对卡耐基的印象是世上少数会说话的人。

由此可知，当人们觉得一个人很会说话时，这个人不见得说话滔滔不绝、口若悬河。如果在聊天的过程中，让对方享受快乐的时光，就算你几乎没有开口，只是当个听众，也会给对方留下那个人很会说话的印象。

这个例子告诉我们，**聊天时把对方当成主角非常重要。**看到这里，不擅长说话的你是否看到一线曙光？

聊天高手会把对方当成主角

想要成为聊天高手、让对话顺利流畅的人，必须记住一件事，那就是说话的人才是主角。

一场对话中有说话者和搭腔、提问的聆听者，这两者的角色会视情况互换。若聆听者正确掌握说话者的谈话内容与意图，并且适当地应对，对话便能顺畅进行。然而，若聆听者只是站在自己的立场，和说话者一问一答，对话很容易产生摩擦。

举一个例子。假设同事对你说："最近工作好忙噢！"在思考该怎么回应时，如果光是根据这句话立即做出回应，是很危险的。**因为这句话的含义，会依据当时的实际情况、谈话脉络，以及双方的关系产生改变。**

针对这句话，首先想到的意图是抱怨公司或主管。若要迎合对方，回应大概是"对啊，真是一家黑心企业"，或是"我也是啊，上个月加班 × 小时"，等等。

不过，这句话除了是对工作忙碌的不满，也可能是在炫耀自己很忙。若是如此，可以抬举对方："你真是了不起。听说你的工作能力获得高层的好评呢！"这样一来，对方应该会觉得很愉快，继续自吹自擂（你想不想听是另外一回事）。

最常犯的错是以自己为主角

聆听者最常犯的错,便是不停地说自己想说的话。如果自己刚好也对加班有满腹苦水,当有人提到很忙的话题时,就会立刻不自觉地把发话权转到自己身上,例如"对啊,我最近也一直加班。昨天还加到晚上十点!真的快累死了"等。

若你不知道对方这么说有何意图,不需要做出正面或负面的回应,只要给他一个中性的回应即可。

从上述例子来看,当有人跟你说"最近工作好忙噢",你可以回问:"怎么了?"或是略表同意:"对啊,你看起来真的好忙。"或是重复对方的话:"嗯,你最近很忙啊。"然后看看对方的反应。如果对方有想说的话,接下来应该会再丢出一些话,使你更能掌握谈话方向。

当有人来跟你说话时,最重要的原则是:在明白对方的意图之前,先把发话权交给他。

> **POINT** 进行商务闲聊时,让先发话的人继续当主角。

所谓会说话，
就是善于引导对方说

想使闲聊顺利进行，必须顺着话锋走，不逆流而行。而且，有时还得事先判断如何让对方持续说下去，并加以引导。

若是引导技巧很好当然没问题，但如果引导到错误的方向，可能就聊不下去了。**在法庭上，根据错误的事实提问称为"误导式询问"。与人聊天，有时也会发生类似的情况。**

看看以下这个例子：

Ⓐ："昨天我被课长叫进会议室训了一个多小时！"

Ⓑ："咦？那位课长真的很讨人厌啊！"

Ⓐ："唉，不过说到底，是我自己不好啦。"

Ⓑ："话虽如此，那位课长本来就爱说教，还会死缠

烂打。"

Ⓐ："也不是这样啦，课长虽然很严厉，但是工作能力很强，我还蛮尊敬他的。"

Ⓑ："不过，他虽然对下属很严厉，对部长却很谄媚。难道说当课长的人都必须这样？"

Ⓐ："……"

聊到这里，为什么聊不下去了呢？

A来找B说话，表示他有一些事想告诉B。若B能顺着A的语意，A会比较容易说下去。

一开始，A说："昨天我被课长叫进会议室训了一个多小时。"当中有三个重点可以成为对话主题：昨天、课长、被训一个多小时。

然后，B对其中的"课长"反应过度，想把话题带到说课长坏话上。但A对课长并没有负面情绪，很显然不想往那个方向进行，而B却执着于那个话题，导致双方谈话越来越不投机。

A想说的究竟是昨天发生的事，还是关于课长，或者是被训了一个多小时？**如果可以预测，便能把话题引导到那个方向去；如果无法预测，就必须先搭腔才行。**

比方说，以"那真是太惨了"来回应。接着 A 可能会说："对啊，昨天实在是太惨了。早上……"或是说："对啊，虽然错在我没有仔细确认，但没想到因为这样就影响到出货时间。"切入自己想说的内容。

假使 B 无论多想谈论课长是双面人的问题，也会找其他机会。因为一开始设定话题的人，本来就应该是对话的主角。闲聊时，人们很容易犯这种错。

在法庭上如果提出误导式询问，对方律师会立即表示反对。但聊天时即便有人误导对话，也不会有人纠正，只是会让对方感到不舒服而已。因此，请各位一定要特别留意。

关注对方发言的哪个部分可以炒热气氛

为了使聊天愉快尽兴，让说话的人说得开心非常重要。然而，有时就像前述例子里的 B，虽然不是故意的，却将对方想说的话打断。

这里以常见的聊天内容为例，探究其中的原因。假设朋友对你说："暑假我去了冲绳，那里的海好美噢！"你会有什么反应？相信不少人都觉得这种话题很难回应。**因为从这句话当中，很难得知对方到底想说什么，重点到底在哪里。**

为了思考如何找到聊天的契机，请先将这句话拆解成几个部分，再想想话题的重心应该放在哪里。

①暑假。
②去了冲绳。
③海好美。

对方应该是想把重点放在这三点中的某一点。接下来针对每一点，举一些应答的例子，请各位一起想想看。

①暑假。
例："咦？你暑假去了啊！"

可能有读者很想吐槽："重点怎么会在那里！"这种回应虽然有趣，却不像是一般的对话。在这个例子里，因为重点放在暑假的可能性很低，所以先排除这种反应。

②去了冲绳。
例1："冲绳不错呢！关岛和塞班岛也不错，不过还是冲绳最好。"
例2："那你有去首里城吗？"

例 1 是不会出错的回应。例 2 的情况则是：即便对方想讲冲绳的事，话题却一下子转移到首里城上，于是对方想说的话可能会被打断，因为他想讲的很可能是海的话题。

③海好美。

例 1："你去了哪里的海？"

例 2："那你有去看珊瑚礁吗？"

例 3："说到海，宿务和夏威夷的海也很漂亮呢！"

例 1、例 2 不会出错，而最后的例 3 最好还是别说。朋友跟你说去冲绳的事，你却把话题转移到别的海域，明明他想跟你聊冲绳，却因此被打断，他很可能会感到不愉快。所以请各位特别留意，不要不自觉地打断对方说的话。

找不到对方话语中的关键字句时，可以丢出这样的回应："真好呀！那你的感想呢？"进一步探究对方想说的重点。如果那个人很喜欢海，想多说一些海的事，自然会进入海的话题。如果他想说的是冲绳这个地方，话题会从其景点切入。

> **POINT** 所谓的聊天高手，是指擅长让对方说话的人。

用问题包装想说的话，
一问一答气氛热

聊天除了提问，有时也会变成被询问的一方。此时千万不要忘记，在你回答问题之后，也要丢一个问题给对方。举个例子：

Ⓐ："谷原先生有做什么运动吗？"

我："我有练合气道。"

Ⓐ："那很厉害耶！你现在是几段呢？"

我："我现在是二段，不过大概只会到这里为止了。"

Ⓐ："那你有打高尔夫球吗？"

我："高尔夫球？没有呢！"

Ⓐ："这样啊。"

我："因为打高尔夫球都要早起，而且每次都要打一整天，以后我也不太想打。"

Ⓐ:"原来如此。"

我:"不过，说到合气道……"

这段对话虽然勉强持续下去，但感觉完全忽视了 A 的想法。A 连续问了两个问题:"谷原先生有做什么运动吗？""那你有打高尔夫球吗？"**在无数话题中，A 特别挑选运动的话题，甚至把话题缩小到高尔夫球上。**

如此一来，当我听到问题时，就应该意识到这个人是想谈高尔夫球吧。

对方用问题包装想说的话

闲聊时，如果对方丢出问题，我们会针对那个问题思考，试图回答并决定:等会儿我也要回问同样的问题。只要丢出这个问话回力镖，话题很可能就会转移到对方真正想谈的事上。

以下是另一个对话的发展:

Ⓐ:"谷原先生有做什么运动吗？"

我:"我有练合气道。"

Ⓐ:"那很厉害呢!你现在是几段呢?"

我:"我现在是二段,不过大概只会到这里为止了。"

Ⓐ:"那你有打高尔夫球吗?"

我:"高尔夫球?没有呢!A先生有打高尔夫球吗?"

Ⓐ:"是啊,我只打高尔夫球,一年要打个五十次吧。"

我:"咦?一年五十次?"

Ⓐ:"过去我还是上班族时,因为应酬开始打高尔夫球,然后就一直打到现在。"

我:"哇!真是太厉害了!A先生做什么都很有毅力!我想请教一下,你觉得高尔夫球的魅力在哪里?"

Ⓐ:"这该怎么说才好……"

若是这种发展,一定可以聊得很愉快。由此可见,**当对方丢出问题时,要意识到搞不好这个人想谈这个话题,等自己回答完之后,再试着丢问题给对方。**

只要运用问话回力镖的技巧,便能轻松发现对方想讲的内容,甚至使聊天的气氛热络起来。

> **POINT** 人们不大会问自己不感兴趣的事。

提问时要设定范围，对方回答才能不失焦

前几天有人问我："请问该怎么做才能成为律师？"我一时语塞，因为真不知道要从何回答起。光从问题本身，看不出来提问者为什么提出这个问题。我大略一想，至少有四种可能性。

①想知道如何申请法学院吗？
②想知道怎么准备才能考上法学院吗？
③想知道怎么准备才能通过司法考试吗？
④想知道成为司法研习生后，在法官、检察官和律师这三项选择当中，怎么做才能成为律师吗？

我想各位读者都知道，问题分成开放式问题和封闭式问题两种。**所谓开放式问题，是指让对方自由发挥的问题，例如"您觉得如何"等等。封闭式问题则是指限制对方回答内容的问题，例如"这款车你喜欢白色还是红色"等。**

可以预测答案，或是要缩小回答范围、强迫对方做出决定时，会使用封闭式问题。开放式问题则是让对方自由发挥，把回答的权利交给对方。刚才我被询问的问题：请问该怎么做才能成为律师，便是开放式问题。

我看过一些谈论说话术的书，其中有不少书都提到：与其提出限制回答的封闭式问题，可以自由发挥的开放式问题更能炒热聊天气氛。然而，事实真是如此吗？

提出对方易答的问题

如同刚才提到的问题，提问者把回答的权利交给我，但问题开放到这种程度，反而变得主旨不明，于是可能无法获得自己期望的答案。

想得到期望的答案，在某种程度上必须封闭问题，并且引导对方回答。 比方说，如果你想问的是准备方法，像这样提问比较好：

- **想成为律师，必须就读法学院，大概准备几年可以考上呢？**
- **想通过司法考试，要准备到什么程度？**

这种做法不只是为了获得期望的答案，还因为**太含糊的问题会使回答范围太广，造成回答者的困扰。**

对好心指导的人造成困扰是很失礼的，所以最好把问题限制在必要范围内，尽可能让对方容易回答。如此一来，被问的人容易回应，于是使聊天气氛变得更热络，也比较容易赢得对方的好感。

> POINT　问题的主旨要明确。

对话是两人传接球，
连珠炮问不停是大忌

聊天能让双方放松，在没有压力的情况下进行交流，借此缩短人与人之间的距离，使关系变得更紧密。然而，在聊天的过程中，或是从旁观察别人的对话，有时会发现有些人的说话方式让人感到很不自在。

连珠炮式地发问便是其中一个例子。有些人提出问题后，明明对方还在思考答案，他们马上又提出另一个问题。

这种人大多没有恶意，可能是因为提问后不想陷入沉默，或是想到更好的问题，于是再度发问。不过，发问的时间点实在太接近，对方会认为明明自己还在思考，话题就改变了，心里难免会觉得不舒服：所以我的回答可有可无了？

有时候，这种问法甚至会让人觉得被逼问，而且发问的人最后也得不到自己想听的答案。换句话说，对双方都没有好处。

我在提问时，即使觉得对方想得有点久，还是会保持沉默。若对方看起来真的不知道该怎么回答，我才会再问下一个问题。

对话的基本原则是提问与静默。提问之后，即便有段时间陷入沉默，也无须感到慌张。

对话像是传接球，提问等于把球丢给对方。在实际传接球的过程中，你会在对方接到球，还在思考要怎么丢回来给你时，就再丢一颗球给对方吗？你应该会等对方把球丢回来吧。与人对话也是同样的道理。

问了抽象问题，要立刻修正

不过，当问题太抽象时，立即修正自己的问题比较好。

"你对现今社会有什么看法？"面对这种抽象的问题，偶尔会有人侃侃而谈，但大多数人脸上都会浮现困惑的表情。**因为问题本身太过抽象，不知道对方到底想问什么。**

如果不小心问了这种问题，自己发现不对时，必须马上换一个没有那么抽象的问法。例如：

"我比较想问的是，你对现今的年轻人有什么看法。"

"我现在最关心的是，随着网络的发达，社会会出现什么样的变化。"

这些问题还是很难回答。当然，问题内容合宜与否，会因为对方关心的事、兴趣、知识等而有不同。另外，即便立刻改变问法，对方也已经针对上一个问题在思考。因此，**先略表歉意："不好意思，我的问题太抽象了。"这也是不错的做法。**

想让对话顺利进行，重点在于经常注意，自己说的话听在对方耳里是什么感觉。磨炼自己推敲对方感受的敏锐度，闲聊能力便会与日俱增。

> POINT　不要连珠炮式地发问，要根据对方的反应和问题内容做修正。

当对方惜字如金，用 5W1H[①] 引导话题

接下来，我针对谈话对象的类型，说明在工作场合谈话、聊天的有效策略。

聊天时最怕遇到不太会说话或话很少的人。**不太会说话的人在聊天时，当然不会主动发言，别人提问时，只会机械地回答是或不是，所以很快便聊不下去。**

面对这种类型的人，大多数人的判断都是这个人不喜欢说话，跟他说话会造成他的困扰，于是立刻停止对话，之后也避免找他聊天。然而，不太会说话等于讨厌说话这种联

---

① 5W1H：指时间（When）、地点（Where）、主题（What）、人员（Who）、原因（Why）、方法（How）。

想,真的对吗?

我也是不擅长聊天的人,但若问我讨不讨厌说话,我的答案是并不讨厌。有时,我会和初次见面的人聊一些平常不会说的话,甚至聊到欲罢不能。

什么时候会聊得这么尽兴呢?我仔细想想后发现,**当对方的谈话进入我的话题兴趣点,像是爱好、现在关心或感兴趣的事时,如果对方也想聊这些内容,就会聊得很愉快。**

以爱好为例,看起来再怎么不喜欢说话的人,也会有只要聊到钓鱼就停不下来,每次聊到高尔夫球就忘记时间的时候。因此,光凭短时间的接触便判断他讨厌说话,实在太过武断。换个角度来看,每个人都喜欢说话,乍看之下不喜欢说话的人,其实只是话题兴趣点比较窄而已。

用开放式问题打开对方话匣

但若是不知道兴趣点在哪里,只是一味地想把话题引入,的确很困难。找出话题兴趣点的诀窍,其实就是善用刚才提到过的开放式问题。

利用不能只回答是或不是的开放式问题,并且运用

5W1H 来发问，找出对方的话题兴趣点。

举例来说，"你喜欢打高尔夫球吗？"属于封闭式问题，对方可以只回答喜欢或不喜欢。如果对方回答喜欢，或许还聊得下去；如果回答不喜欢，对话则可能中断。然而，也不能因为对话可能中断，便接连不断地问：你看棒球吗？你喜欢网球吗？等等。

所以，提问时要使用开放式问题，例如假日时你通常都做些什么；或是如果现在有一段自由时间，你想做什么等。这样一来，不管对方的回答是什么，都可以接续到下一个话题。

不过，不太会说话的人可能无法体会你的用心，于是很遗憾地，话题或许就不会被带到爱好上。

比方说，对方的回答是"假日我都在家睡觉"，"如果有一段自由时间，我想好好地睡一觉"等，此时，可以推测对方可能很累、睡眠时间很短，进而把话题带往这个方向。然后，双方可能会在公司或工作的话题上聊得很尽兴。

利用开放式问题尽可能让对方多说话，从中找出关键字，再试着锁定话题。当然会有期待落空的时候，不过还是耐心地寻找话题兴趣点吧。

现在许多人都避免说话，表示成功聊出一片天的人很少，其实只要进行策略谈话，就可能获得很好的成效。

> **POINT** 和不太会说话或话很少的人交谈时，应用开放式问题来寻找话题。

遭受攻击不要动怒，了解原因才能有效回应

　　于公于私，每个人都有敬而远之的对象。与人交谈时，一味地用攻击性口吻否定对方的人，是大多数人都害怕的对象。和这种人交谈很不愉快，而且完全不能理解为什么他要说这么恶劣的话。对于这种语带攻击的人，到底该如何相处？

　　事实上，如果是谈判等工作场合，不会像私下往来那么困难，因为双方都有要谈出结果的共同目的。和这种对象进行交涉时，重点在于，必须清楚划分这个人的个性问题和现在必须做的工作。

　　不需要太在意对方的语气或遣词用字，只要针对他的谈话内容回应即可。交涉的经验多了，自然不会在意表面的语气。

为什么对方会语带攻击

真正困难的是私下往来的时候,因为私人往来不像工作交际,通常会延续比较长的时间,若一直感到害怕,实在是非常痛苦。

私下往来的标准相处方式,是要了解对方。语带攻击的人的大脑有某些特定模式,我们必须加以理解。

首先是习惯用非赢即输的二分法思考。对话时,他们即便只是随口说说,根本没想到输赢,但脑海里仍充斥着非赢不可、我必须占上风的想法。因此,他们会不停地用言辞攻击对方。

其次是认为社会给自己的评价低得离谱,所以用攻击性言辞发泄不被社会认可的委屈,也就是用攻击来满足"其实我很重要"的感受。

换句话说,**语带攻击是为了满足自尊心,也是为了隐藏脆弱的自己。**当对方语带攻击时,正是他想保护自己的表现。如果随之起舞,用否定性言辞回复,对方为了维护自尊心,将继续加强攻势。

不过，只要理解对方的心情，便能耐心地回应。而且，改变自己说不定可以改变对方的心。想建构良好的人际关系，突破害怕、讨厌的情绪，是非常重要的关键。

> POINT　冷静地分析对方的心态，就会有新发现。

对长辈心怀求教的态度,
对方自然侃侃而谈

多数不擅长聊天的人都觉得,很难和职位、地位比自己高的人闲聊。和同年龄、同位阶的人可以轻松交谈,但一碰到长辈就不知该如何开口,也容易因为过于紧张而聊不下去。

和社会地位比自己高的人聊天时,一定要明确这样的上下关系,因此要以这个关系作为前提,来选择谈话的内容。

在长辈面前,一般人很难说个不停,对方也知道这种情况,所以先当个听众是基本原则。一开始,表现出向人生道路上、工作上的大前辈请教的态度非常重要。

此时,必须展现出自己对长辈有强烈兴趣,想从他身上吸取经验,对方自然会开口。

尤其是成功人士，大多想传授过去的经验给年轻人，并且提拔他们，因此会乐于分享自己的经验给想学的人。而且，成功人士在到达今天的地位之前，一定都有一段辛苦的过程。

以企业经营者为例，在创业、招募员工、拓展事业时，都经历过不同的辛酸。比起自吹自擂，人们比较容易开口谈论自己的失败经验。所以，若无其事地询问对方一路走来的甘苦，有助于双方展开交谈。

听完后一定要给予回复

不过，成功人士也擅长看透人心。因此，若你抱持想讨好或利用他的邪念，很容易被识破。

另外，别忘了给对方回复。如果光听他讲便能使他高兴，当然可以只扮演听众就好；但如果能给予让对方开心的回复，他应该会说得更多。

年轻人在面对有地位的人时，能发挥的空间有限，但听完对方的话后，还是可以试着表达自己的感想或意见，这些都是很好的回馈。或者，也可以谈谈自己周遭发生的事，以及现在流行什么，等等。**对于年龄、职位、地位不同的人而**

言，微不足道的资讯说不定也相当有价值。

和长辈聊天时，首先要对他感兴趣，并且以请教的姿态提问，让对方先开口。然后，针对对方说的话适度地给予回应，引出之后的话题，这就是成功的秘诀。

展现"部长，请让我向您学习"的态度

面对还称不上是成功人士的公司主管，提出以下问题很有效：

"部长，在我这个阶段，有没有什么事让您觉得还好有做过？"

"部长，在我这个阶段，有没有什么事让您觉得再多做一点就好了？"

"部长，在我这个阶段，对于工作有没有什么坚持？"

这些问题传达出以下讯息："我想要成长，所以请让我听听部长的经验。我想向您学习。"对方应该会很高兴地侃侃而谈。

重点在于，不要等对方开口，而要主动出击。对方的话

当中，一定有可学习的地方。想认真从这些地方学习的态度，一定能使长辈敞开胸怀。

> **POINT** 从某个角度来看，即便自己无法掌握说话的主导权，长辈反而是容易聊天的对象。

对方滔滔不绝也无妨，
表示你已获得信赖

有人问我："工作上有很多时候必须闲聊，但是每次只要遇到不停讲自己的事的人，我就头痛。如何才能和这种人好好聊天呢？"

在聊天时，有些人确实老是只讲自己想说的话。**即使你抛出不同的话题，他们也是随便搭个腔，然后又把话题转回自己身上。**

问我这个问题的人，已经算是会说话、喜欢说话的了。他对自己的聊天技巧很有自信，所以和对方的对话传接球进行得不顺利时，便无法表现如常，显得十分不安。或者，可能只是因为和那种类型的人说话太无聊，从厌烦转变为不满。

商务闲聊这样就算成功

不过，我给他的回复是：这样已经是成功的闲聊，一点问题都没有。

本书主要针对工作场合说明聊天的技巧。这种闲聊的目的不是为了让自己乐在其中，而是要营造现场气氛，缩短和对方的距离，并建立良好的关系，借此顺利推动工作。

要达成这种目的，最理想的做法是让对方尽情地说他想说的话，自己当个听众即可。大多数人为了达到这个状态，必须设法搭腔并提问，甚至引导话题。

很少人会对不信任的人说自己的想法或私事。对方滔滔不绝地说出他想说的话，代表在某种程度上他喜欢并信任你。无法切入话题、说话时间很少，根本不是什么大问题。和这种人聊天或许很无聊，但毕竟是工作场合，也只能忍耐。

如果你常有机会和老是说自己私事的人聊天，表示你已拥有相当高水准的闲聊能力。因此，不需要感到不安，请对自己有点信心。

若你想在聊天时谈谈自己的事,让心情好一点,那就私下找一些愿意聆听的朋友。

> **POINT** 对方总是说个不停吗?说不定你已经是商务闲聊的高手。

抓准场合和情绪，
再决定初次见面应该如何聊

因为工作的关系，很多人常有机会和初次见面的对象说话，但其中应该有不少人不擅长和初次见面的人聊天。

在各种谈话对象中，这是最难应付的一种。市面上有许多教人如何说话、如何传达想法的书，都会说明和初次见面的人对话的技巧与知识。由此可知，很多人都有同样的烦恼。

然而，这些书介绍的技巧也是各说各有理，有些书说进入主题前应该先闲聊，降低对方的戒心；有些书则说应该直接切入主题。究竟哪一种才对？

律师经常需要和初次见面的人谈话，根据我个人的经验，找律师咨询的人大多面临一些问题或烦恼。**我认为，和面临严重问题的人说话时，不需要闲聊**，因为就算聊了，对方大概也心不在焉，还不如直截了当地切入主题，比较容易谈下去。

不过，也有先聊聊比较好的情况，那就是在进入主题之前，双方必须先建立关系的时候。通过聊天建立融洽的关系，后续比较容易沟通。

哪种情况不需要闲聊

在商务工作中，必须建立关系的重要场合首推跑业务。业务人员拜访潜在顾客时，如果一开口便推销商品，顾客应该不会有好感。

就像本章提到过的，先聊天，营造融洽的气氛后，再进入主题，效果应该比较好。换句话说，**如何和初次见面的人聊得尽兴这个问题，并非只有一种标准答案。**

相关书籍提供许多技巧，也是基于这个原因。不要只是捧着技巧范本照本宣科，必须根据谈话对象、场合、目的，分别找出最适合的方法。这里提供一个参考基准：当对方面临严重烦恼或是紧急情况时，不需要闲聊。

> POINT 初次见面的人处于什么状况，会影响应对的方法。

> 用提问赞美对方,可以减少做作的感觉。

第4章

套供赞美法，金牌律师都爱用的说话利器

活用西奥迪尼法则六要素，让你一开口就受欢迎

聊天的功能或目的，是赢得对方的好感。没有人想和讨厌的人一起工作，购买商品或服务时，也很少有人会跟自己讨厌的人买。所以在工作场合，好感是非常重要的因素。

在思考什么是好感时，可以参考美国社会心理学家罗伯特·B.西奥迪尼（Robert B.Cialdini）的理论。西奥迪尼在他的著作《影响力》中，举出打动人心、说服他人的六大要素：

①互惠。
②承诺和一致。
③社会认同。
④喜好。

⑤权威。
⑥稀缺。

这些要素都很重要,不过我在此着眼于④喜好。西奥迪尼进一步探究,人为什么会产生好感,并将结果汇总如下:

①外表的吸引力原则。
②相似性原则。
③赞美原则。
④单纯接触效果原则。
⑤同盟原则。

这些要素也提醒我们,在聊天时要注意哪些事。

成为受人喜爱的对象,其实有规律可循

外表的吸引力原则是必要条件。和他人见面谈话时,最好保持整洁的仪容。各位还记得前面介绍过的麦拉宾法则吗?既然外表等视觉资讯对一个人的影响高达约55%,就应该好好打理自己的服装、仪容。

相似性原则是指人们容易喜欢和自己相似的人。我想各位都有这种经验：与他人聊天时，无意间发现对方和自己就读同一所小学或中学，总会产生莫名的好感。

赞美原则是指人们喜欢赞美自己的人。自尊心使人们在受到赞美时会感到高兴，被看不起时则会感到生气或难过。

单纯接触效果原则是指人们喜欢反复接触的人。有句话说：远亲不如近邻。比起不常见面的人，一般人对每天都会见到的人较容易产生好感。

同盟原则是指人们喜欢和自己喜爱的事物有联结的人。举例来说：为什么电视广告的业主愿意花大钱请明星代言？因为他们希望通过明星和商品的联结，让观众喜欢这些商品。

运用西奥迪尼的这些心理法则，便能在聊天时赢得对方的好感。

> POINT 学习西奥迪尼法则，并运用在聊天上。

找出彼此的相似性，
是赢得好感的第一步

相似性原则是指人们容易喜欢和自己相似的人。换句话说，想借由聊天赢得对方的好感，只要强调自己和对方的相似性即可。那么，该如何强调彼此的相似性呢？步骤如下：

①假设（思考可能具有相似性的话题）。
②提问。
③找到相似性时，继续深入谈论这个话题。
④重复①—③的步骤。

虽说要思考可能具有相似性的话题，但若是一下子就谈论与个人立场相关的话题，像是宗教或政党等，或许你已经被对方讨厌，更不用说要找出相似性。因此，**一开始最好是**

从可能有相似性且无伤大雅的话题切入。

例如，在聊天的过程中提出这些问题：

"您是哪里人？"

"您住在哪里？"

"您有小孩吗？"（如果有年纪相仿的小孩，相似性原则便开始运作）

"您的爱好是什么？"

"您喜欢什么食物？"

"您有什么喜欢或推荐的书？"

"您有什么喜欢或推荐的电影？"

无法立即找出相似性，也不用慌张

这里要特别注意的是，不要一直问个不停。**如果第一个问题没有成功找到相似性，请先针对这个话题聊一下，然后提出另一个问题。**如果发现相似性，便进一步深入谈论。比方说，以"喜欢吃肉"为例：

你："你喜欢吃肉吗？肉有很多种吃法，像是铁板烧、烧肉等等，你喜欢哪种呢？"

Ⓐ先生："我喜欢烧肉！"

你："烧肉不错耶！那你有没有推荐的烧肉餐厅？"

Ⓐ先生："也没有啦，只要是烧肉我都喜欢。不过，××苑的品质很稳定，不用怕踩到雷。"

你："我也喜欢那家餐厅，以前我每个星期都会去。那里不只肉好吃，连沙拉的调味都很棒！"

Ⓐ先生："对啊，超市也有卖它们的沙拉酱，不过在店里吃，味道还是不一样。"

你："真的。听你这么说，我突然好想再去××苑噢！下次我们一起去吧？"

就像这样，**只要双方拥有共同的喜好，便容易互有好感。**等这个话题告一段落后，再询问其他可能具有相似性的话题，如果再次发现相似性，就深入谈论。具有相似性的话题越多，越能获得对方的好感。

POINT　人们容易喜欢和自己相似的人。

想不着痕迹地赞美，
就用套供赞美法

赞美原则是指人们喜欢赞美自己的人。我在第3章也提过这一点。不过，赞美别人听起来简单，做起来却很难，很多人都不擅长赞美。

其实赞美这个行为很单纯，只是许多人都把它想得太复杂。这里将着眼于赞美的方法，试着思考赞美的技巧。

不着痕迹的赞美，必须从很明显的部分开始着手。 首先是赞美对方的外表，例如衣着等，这是第一阶段。第二阶段是赞美对方的外在条件，例如学历、任职的公司，以及内在，例如性格等。在了解对方的资讯之后，赞美才能逐步深入。

更进一步则是赞美外表和内在的落差："你看起来××，但其实××呢。"虽然这种做法比直接赞美外表或内在更需要技巧，但对方听了会很开心，觉得你很仔细观察我，很了解我。

不擅长赞美的人当中，有不少人是因为担心"感觉好像很做作""会不会让对方觉得我不是真心的，反而令他感到不高兴"，从而犹豫不决。不过，这些担忧几乎都是多余的。有时听到别人赞美自己，的确会认为他只是在说客套话，但**即使有这种想法，只要不是太莫名其妙的赞美，一般人都不会觉得讨厌。**

用提问间接赞美对方

要赞美别人时，最重要的是不要犹豫不决。如果各位在意自己看起来很做作，我提供一个好方法，称为套供，是律师在法院质询或沟通协商时常用的技巧。

所谓的套供，是为了引导对方说出自己想听到的答案，故意先询问看似无关的问题，例如：你在喝茶时，是用右手还是左手拿茶杯？

这么一问，对方就会想：我到底是用哪只手呢？其实，当时律师想知道的不是这件事，而是你喝了茶这个行为。不论你回答右手还是左手，都表示你承认自己喝了茶。

以下列举应用这个理论的赞美方法,先试着这样问问看。

你的眼镜看起来好有气质噢!我也想买这种眼镜,请问你是在哪里买的?可以告诉我店名吗?

一点都不会觉得做作吧。各位应该都知道重点在哪里。

虽然问题是可以告诉我店名吗,但问题的前提隐含这样的信息:他戴着很有品位的眼镜,看起来很知性。明明对方问的是眼镜店的店名,不知为何,听了却觉得很高兴。如果是这种问法,是不是比较不会让人感觉做作?

换句话说,只要你提问,对方便会思考问题的答案,他的想法将被那个问题支配。因此,**在问题的前提放入赞美,可以减少做作的感觉。**

擅长赞美的人也是聊天高手,所以不要害怕赞美别人,试着从各种角度、运用各种方法,来赞美聊天对象吧。

> POINT 即使是客套,也要赞美对方,真的很难做到时,就用提问来赞美。

制造频繁接触的机会，
比任何技巧都重要

单纯接触效果原则是指人们喜欢反复接触的人。想利用这个原则获得对方的好感，就要频繁和对方接触并闲聊。只聊一次，气氛便很热络当然很好，但短时间内频繁交流也有助于赢得好感，效果不输前者。

我有个朋友是超级业务员。根据他的说法，**要说服客户签约，持续和对方联络，绝对比技巧重要好几倍。**频频打电话给客户，假装刚好在这附近并上门拜访，几次下来，对方就会放松戒心，比较容易成功签约。

不需要那么深交

在不擅长聊天的人当中，有些人可能不知道在那么短的闲聊里，到底要说些什么，怎样才能尽早结束。不过，各位不需要担心。举例来说，可以用以下方式打电话约访：

你："午安，最近好吗？"

B先生："嗯，很好。今天有什么事吗？"

你："下周四我会去贵公司附近，最近都没见到您，如果您方便的话，可以顺道过去拜访一下吗？"

B先生："下周四吗？嗯，下午三点左右可以吗？"

你："时间刚刚好呢！那我就下周四下午三点过去拜访。"

上门拜访时聊聊近况，提供对方想要的资讯，接着说："不好意思，我还要去下一家公司拜访，今天先告辞了。我会再跟您联络。"然后告辞即可。

想吸引异性注意，关键在于制造频繁接触的机会，工作场合的交流其实也是同样的道理。

> POINT 在烦恼说什么才好之前，先见到面比较重要。

善用美食美景做连结，
对方看到你就开心

同盟原则是指人们喜欢和自己喜爱的事物有连结的人。也就是说，在聊天时，只要连结自己和对方喜爱的事物即可。

首先要介绍的是，将大家喜爱的事物和自己连结在一起，打造出同盟的方法。比方说，和对方一起去吃美食，一边吃一边开心聊天。

如此一来，**对方会把你和美食带来的好心情连结在一起，进而对你产生好感。**一边吃饭一边谈生意，运用的正是这种同盟原则。另外，如果去可看到浪漫夜景的地方约会，女生会将夜景带来的浪漫气氛与约会对象连结，并且对他产生好感，这也是同盟原则造成的效果。由此可见，若你想获得对方的好感，选择在灯光美、气氛佳的地点见面，然后一边享用美食一边开心闲聊，就能顺利获得好感。

提出快乐而非有趣的话题

想利用话题创造出同盟效果，必须使对方心情愉悦，所以要尽量选择快乐的话题。不过，**快乐的话题不一定是有趣的话题，而是对方觉得快乐的事。**

比方说，问对方人生一路走来，最快乐的回忆是什么，让对方沉浸在快乐的回忆里；或是问对方若梦想可以成真，他想做什么，使对方愉悦地沉醉在梦想世界中，都是不错的方法。

当对方心情愉快时，自然会对同行的你产生好感。

> POINT　事先将美食或美景放入口袋名单。

自吹自擂令人厌恶，
位居下风令人亲近

无论再怎么运用西奥迪尼法则，如果最重要的谈话内容有问题，对方想喜欢你也喜欢不起来。前面在说明赞美原则时，曾提到不吝惜赞美的人能获得别人的好感，同样地，高高在上的人当然会被讨厌。**特别是在酒宴上，有些人会表现出一副无所不知的样子，不停地自吹自擂。**

前几天，我听一位酒吧老板娘说："女生最讨厌自以为了不起、老是自吹自擂，不管女生说什么都一副'啊，那个我知道'的男生。女生不想和这种男生说话。"自以为了不起、老是自吹自擂，觉得自己无所不知的人，不要说是女生，连男生也不想跟他们说话。

人是有自尊心的，每个人都希望自己很优秀，深具知识、智慧及不错的工作能力。我能理解想把这种想法传达给对方的心情,可是你有没有想过,当对方听到这类自我吹嘘时,真的会觉得这个人好厉害吗?假如对方的想法是这个人还真会吹牛,或许他的工作能力不错,但就人品来看,实在是不怎么样,那就好笑了。

聊天会透露出人品

自己的自尊心固然重要,但我们千万不可以忘记,聊天的对象也有自尊心,而且对方最重视他自己的自尊心。如果了解这一点,便知道越是自以为了不起,越是自吹自擂,就越让对方感到不舒服。这是理所当然的事。

进行策略谈话时,因为必须使对方心情愉悦,请务必抱持"抬举对方、让自己位居下风"的想法。与其自我吹嘘,不如谈论自己的失败经验,使现场气氛热络起来,比较容易赢得对方的好感。

前阵子我去旅行时,因为很累,便直接仰头倒在床上,双脚打开成大字形,没想到牛仔裤的屁股部分竟然"刺啦"的一声裂开了。牛仔裤啊!因为我没有其他长裤可以替换,只好把手放在屁股后面遮掩,然后扭扭捏捏地走回来,好像教授走路的样子。从此以后,朋友们就开始叫我教授了。

然而，要抬举对方、贬低自己，说起来容易，做起来却很困难。特别是还不习惯的人，必须牺牲自己的自尊心才行。

这也算是在测试一个人的肚量。因为聊天会反映出一个人的生活和思考方式，提升闲聊能力等同于提升自己的人格魅力。

> POINT　抬举对方，让自己位居下风，是进行商务闲聊时的基本策略。

懂得凸显落差，
必能增添谈话趣味

光靠自嘲，有时不容易炒热气氛。上一节建议各位谈论自己的失败经验，而我举的例子正好是有趣的内容，所以能炒热气氛。若只是单纯的自嘲，其实很难使对方产生好感，或是让气氛热络起来。

说话风趣的人周围总会聚集人潮。不论是交友或谈恋爱，这种特质都非常有帮助，而有趣的话题也能使工作进展更顺利。

我不觉得自己说话风趣，但对于什么样的话题会令人觉得有趣，我倒是十分感兴趣。

有趣其实包含许多要素，像笑话般引人发笑的话题当然有趣，但给予知性刺激，引起对方兴趣的话题也很有趣。这两者的差异，或许可以用英语的"Funny"和"Interesting"来说明。

"Funny"是指引人发笑。这种话题的特点是有落差，只要在话语中制造落差，便可以使人忍俊不禁。 制造落差的手法五花八门，我将其统称为落差型手法。

首先是用失败经验贬低自己，间接抬举对方。上一节提过这种手法：在自己和对方之间制造落差，逗对方笑。看看以下这个例子：

我几乎不看电影，前阵子我才知道，Nicolas Cage（尼古拉斯·凯奇）原来是明星的名字。过去，我一直以为那是 Nicolas KEIJI（尼古拉斯刑事），认为是像《神探可伦坡》一样的侦探电影，实在是很丢脸！

用故事型手法说有趣的话

另一种手法称为故事型手法，也就是自己说故事，并为故事创造意外的结局。通过一般日常的故事发展和意外结局的落差，让人不禁失笑。我举一个例子：

前几天我和两个同事去歌舞厅喝酒，其中一个人突然说：我超想吃炒饭。我和另一个人都想吃拉面，因此我们说：那找家有卖炒饭（Cha Han）的拉面店吧，然后开始寻找这样的店。可是好死不死，一直没找到。找了老半天，终于在一家店的餐券贩卖机看到"Cha 饭"这个品项，我们都乐坏了。于是他点了"Cha 饭"，其他人则点了拉面。

好不容易等到餐点送上来，我们怎么看都不觉得那是炒饭，看起来就是在白饭上放了猪肉而已。于是我们问店员：这不是炒饭吧？店员回答：对啊，这不是炒饭，这是 Cha Meshi（Cha 饭）。原来"Cha 饭"不是炒饭，而是叉烧（Cha Shu）饭。

那位同事明明超想吃炒饭，还为此找了老半天，结果只能吃到叉烧饭，所以吃得心不甘情不愿，还一边碎念，我和另一个人在旁边都快笑破肚皮了。由此可见，即使两个单字长得很像，也要小心才行啊！

当然不是每个人都很会说故事，不必担心，有一种手法不需要自己把故事从头到尾说完，那就是吐槽型手法。**吐槽型手法是指当对方说话时，顺着他说的话一针见血地吐槽，借此创造意外的结局。**换句话说，就是利用吐槽的意外性来制造落差。

吐槽型手法必须灵活回应对方说的话，但不像相声或不冷场的话，不需要自己编故事，也能达到有趣的效果。其实，我觉得自己是属于吐槽型的人。

换个角度说新资讯

接下来看看"Interesting"。这种有趣是在教导对方不知道的事时产生的,比方说,不同领域专家提供的最新资讯听起来就很有趣。

若是平常便接触新资讯的人,或许可以说出这种内容,但不是每个人都从事经常接触新知的工作,或身处于这种环境。**此时换个角度说,也就是从对方没想过的观点来分析已知资讯,便是很有效的做法。**这种方法也有提供新资讯的效果。

我在YouTube上有个节目,叫作《律师谷原诚的律师眼》,内容是用法律观点来评论最新的新闻。新闻本身因为媒体的报道,早就为人所知,因此我用自己的专业法律观点来分析这些新闻,提供新的资讯。

想成为说话风趣的人,我建议各位先厘清自己想的是哪一种有趣,然后思考有没有符合这种类型的说话方式,可以达到这样的效果。

> POINT　思考自己想成为哪种说话风趣的人。

用异同手法偏离对话重点，创造欢乐气氛

玩笑话也是一种有趣的话。开个幽默的玩笑，不但能缓和现场气氛，同时也会让对方觉得你很聪明。在进行商务闲聊时，希望各位务必学会这个技巧。

很多笑话都运用异同的手法。所谓的异同，是指将不同种类的事物视为同类，或是在同类事物中找出不同的性质，将它们视为不同的种类。

在此引用《诡辩的话术》(阿刀田高著)的一则笑话为例：

某个男人问船夫："你的祖父和父亲不是都死于船难吗？"

船夫说："是啊。"

"那你还敢当船夫？"

"你家有榻榻米吧？"

"对啊。"

"那你的祖父和父亲不也都是死在榻榻米上吗?"

提问者之所以这么问,意思应该是:你的祖父和父亲都死于船难,你明知道当船夫有死亡的风险,竟然还敢从事这一行?

然而,船夫却反驳说:如果有人在哪里死掉就不能去那里,那么大家最终都会死在榻榻米上,表示榭榭米太危险,不能上去吗?

故意偏离对话重点

这种手法又称为同类与异类的玩笑话。提问者以船夫这种危险职业作为问题,结果船夫却把问题转移到船上还是榻榻米上,变成地点的问题。换句话说,就是把船和榻榻米变成同一种东西。提问者和船夫的论点差异,正是笑点所在。

这个玩笑话会形成,是因为其中一方故意偏离对话重点。再举个例子。老师骂某位学生:

你和A同年,所以你要像A一样每天写功课。这你做得到吧?

结果，学生回嘴：

老师你也和孙正义同年，所以你也可以经营大公司，累积庞大资产啰？

老师的意思是到了这个年纪，至少可以做到这种事，用一般标准来比较学生，但学生却举出孙正义这位异常优秀的企业家，也就是所谓的异类，作为比较基准。

这类使用异同手法的玩笑话不仅容易理解，通常也不需要特殊知识，因此可以用在绝大多数人身上。各位要不要也用这种方法编个玩笑话呢？

> **POINT** 说玩笑话的诀窍在于，偏离对话重点。

提出不同意见时，
说"对了""再加上"很管用

想要以不伤到对方为前提，主张自己的意见时，有一种方法是"Yes，But法"：当对方说出他的意见时，先认同对方以避免冲突，然后说出自己的看法，这样他比较不会生气。

"确实如此（Yes），不过（But）……"就是这样的说法，但结果真是如此吗？

举例来说，你和主管之间有以下对话：

主管："这款商品锁定五十多岁的客群，应该很好卖吧。"

你："确实如此。锁定五十多岁的客群也不错。不过，以二十多岁的消费者为客群，会不会更好呢？因为……"

这样主管真的不会生气吗？他在你说出不过时，可能已经表现出防卫的态度。

原则上，在说出自己的意见之后，当对方说出不过、可是的瞬间，一般人便觉得自己被反驳，于是产生防备心。所以，不要用"不过""可是"来反驳，比较不会使对方生气。

"对了""再加上"比"不过"更管用

例如，你可以这样说：

是啊，这款商品会让人想起过去那个美好的年代，非常适合五十多岁的消费者。此外，加上二十多岁的消费者作为客群，您觉得如何？我这么说是因为……

如果你这样说，主管便不会生气。那么，这样说就能让对方把你的意见听进去吗？

当然有方法可以使对方听取你的意见，但没有必要这么做，因为讨论的目的是了解这项商品应该锁定哪个客群，才能卖得更好，而不是要说服对方采纳自己的意见。**千万不要因自尊心作祟，而忘记讨论的目的。**

刚才的发言已足以让对方知道：客群可以是五十多岁的消费者，也可以是二十多岁的人。在这个前提下，到底是要同时锁定两者，还是只锁定其中之一，下次再讨论即可。

> **POINT** 少用"不过""可是"，要用"对了""再加上"等，避免正面冲突。

即使反对他人主张，也要以 YES 来表达 NO

聊天的关键在于，要聊得开心尽兴，因此必须避免一些事，像是对方发言后直接对他说 NO。

开会或进行协商时，因为参与者的意见或利害关系对立，总有必须说 NO 的时候。不过，**聊天的基本原则是肯定对方，所以对话的发展通常都是 Yes、Yes、Yes。**

如果你在对方说完后，马上回应不是这样、你弄错了等，对方一定会不开心，并从你面前离开。聊天时常说对啊、我懂、我也这么觉得等，运用共鸣才能让对话持续。

一般人只要听到 NO，就觉得自己被拒绝，即使原本聊得很开心，也会觉得自尊心受损，无法再聊下去。如此一来，无法达到拉近彼此距离的目的。

聊天是有共鸣的沟通，不需要对立的意见。有些话题或

许会让人很想说 NO，但是必须压抑这种情绪。

就算想法南辕北辙，也要采取 YES 的态度

话虽如此，偶尔还是会有让人难以肯定的话题。比方说，当聊天对象开始表明自己的政治立场时，像是提出我反对××法、××团体实在够离谱等话题。

基本上，政治话题是聊天的禁忌。因为当意见相左时，无法达到聊天原本的目的，所以要避免主动提出这种话题。但令人感到意外的是，很多人喜欢在闲聊时谈论自己的政治主张，因此我们至少要知道该如何应付这种人。

若这个话题很快会结束，或是对对方的意见不置可否时，只要简单地附和说原来如此即可。最困扰的是，对方的想法和自己南辕北辙，而且还讲个不停。即便理智上知道聊天时要肯定对方，但情感上很难做到。

即使如此，还是不要轻易说出 NO 比较好。政治话题最容易造成情感对立，一旦说出否定的话，很可能产生反效果。聊天的基本原则就是 Yes！ Yes！ Yes！

不说 NO，也不表示同意

我建议的做法是，口头上说 YES，但不表示同意。当对方开始发表政治主张时，可以根据第三方的见解提问：

"原来如此。不过也有人反对，你怎么看呢？"
"不过我想你也听说了，这种时候该怎么办？"

要特别注意的是，不要针对对方的发言，说出不过、可是这类的否定词。提问时，必须以 YES 为主轴，让对话发展下去。

向对方提出问题，对方就会想要回答。之后只要顺着他的话，陪他演一场戏即可。只要政治话题没的说了，自然会转移到其他话题上。

聊天时偶尔会出现这样的难题，此时的应对关键是不要否定对方，也不要露出不耐的神色。要做出这样的应对，多少得靠经验累积，只要不慌不忙地回应，一定可以聊得尽兴。

> POINT　不论对方说什么，都用 YES 回应，不要直接说 NO 或面露难色。

用YES加共鸣回复对方，
好感再加倍

聊天的基本原则，是用YES来回应对方的发言。不过，单单只回复YES，很难使对话持续下去。

比方说，当对方说这次我换到出版社工作时，如果你只回答"是吗？"，就聊不下去了。但也不能因为这样，便直言不讳。我举个例子：

Ⓐ先生："这次我换到出版社工作。"

你："咦？现在出版业不是夕阳产业吗？"

Ⓐ先生："不过，我们公司在业界是很赚钱的公司噢！"

你："说是这样说啦，大家花在网络和手机上的时间越来越多，现在虽然赚钱，迟早也会走下坡吧。"

Ⓐ先生："我想应该不会了，因为这家公司的忠实读者还

不少。"

你:"真的吗？不管怎样，听说出版社的工时非常长，都是黑心企业。如果是我，才不去呢！薪水好吗？"

Ⓐ先生:"比之前的公司少一点，但我觉得是很有意义的工作。"

你:"薪水变少、必须长时间工作，又是夕阳产业，你竟然愿意跳槽到这种地方！我看你很快又要换工作了吧。"

如果你这样说话，A 先生应该永远都不想再和你对话。**因为你否定 A 先生的所有发言，他一定很不开心。**

A 先生算是比较好聊的人。不然，当你说出"不是夕阳产业吗？"这句话时，就算被骂也只能怪你自己。这种内容完全称不上是策略谈话。

共鸣孕育出对你的好感

想赢得对方的好感，除了说 YES 之外，共鸣也很重要。看看以下这个例子：

Ⓐ先生:"这次我换到出版社工作。"

你:"真的吗？恭喜恭喜！请问是什么样的公司呢？"

Ⓐ先生:"这家公司出版政经类书籍,读者群主要是中年以上的男性。"

你:"不错呀,感觉很适合你。这和你之前的公司是完全不同的领域,你原本就对这个行业很有兴趣吗?"

Ⓐ先生:"是啊,我一直很想进出版业工作,虽然薪水比之前少一点。"

你:"你不需要在意薪水啦!能从事自己喜欢的工作最幸福了。真是令人羡慕呢!"

Ⓐ先生:"哎哟,也没那么好啦!"

因为你完全没有否定对方的发言,不仅表示赞同,还赞美他,对方一定非常开心。他应该会对你产生好感,想再跟你聊天。

POINT 用YES加共鸣来回应对方的发言。

> 先辨别谈话对象的类型，再决定是否从结论说起。

第5章

掌控对话走向，知名主持人有技巧

谈天气很无聊？错！
日常生活是最保险的话题

"天气真的变热（冷）了呢！"
"听说今天下午会下雨。"

天气最常被当作闲聊话题。不论古今中外，天气都是聊天时的共同话题。

为什么天气的话题如此受欢迎？其实，这当中隐含重要的聊天技巧。**适当的闲聊话题，是指对方能够参与，而且对你说的话产生共鸣。**毫无疑问地，现在站在你面前的人，和你对天气有同样的感受，因此天气是任何人都能参与的话题。

此外，几乎所有人都不喜欢下雨天，衣服、包包、鞋子等会被淋得湿答答，所以对天气的感受，很可能得到对方的共鸣。

常听人说：英国人老是聊天气。因为英国气候多变，所以不缺天气的话题。日本四季分明，环境也适合孕育天气的话题，因此这种话题出现的频率和英国不相上下。

闲聊话题必须符合这样的条件：任何人都能参与并产生共鸣。由此可知，和初次见面的人聊天时，应避免什么样的话题。

比方说，初次见面时应避免谈论政治或宗教，因为每个人都有不同的政治主张或信仰，不是所有人都能参与讨论并产生共鸣。

线索就在日常生活里

除了天气以外，是否还有其他符合条件的闲聊话题？

以前我在办公大楼林立的地区坐出租车时，好几次都碰到出租车司机跟我聊棒球。也许有人对棒球不感兴趣，但对男性上班族来说，棒球和天气一样，是容易参与的话题。如果在关西地区，司机可能主动开口说："阪神赢球了"，因为他确信阪神队赢球的喜悦，可以使乘客产生共鸣。然而，现在这种方式已经不管用了。虽然棒球还是很受欢迎，却不再像天气一样，是很多人共同的话题。

在兴趣和价值观越来越多元的时代，要找到和天气一样的共同话题并不容易。因此，若能找到对方也有共鸣的话题，便可瞬间缩短彼此的距离。

日常生活中的事物，就是最简单的话题来源。映入眼帘的奇特建筑、图画、摆设、气味、声音等，只要是双方都体验到的、可以产生共鸣的事物，都很适合作为闲聊话题。

有些人适合聊运动，如果是在 IT 产业工作的人，则适合聊 3C 产品的上市日期。即使是一般人几乎接触不到的狂热话题，也可能让你们聊得很开心。

此外，若能根据双方的关系，找出其他共通话题，闲聊一定会成功。所以，尽可能调查对方的事，仔细观察后，试着找出他们能参与并产生共鸣的话题吧。

> POINT　聊聊你们之间才有的共同话题，能使关系变得更紧密。

利用联想法串联话题，
对话绝不冷场

很多人说自己不擅长聊天，真正的意思应该是聊不下去、没有话题。一旦话题中断，场面就会陷入尴尬的沉默。

若是有主题的对话，比如会议，经过反复探讨后，谈话内容将变得越来越具体，结论逐渐成形。随着时间经过，有时会出现一段很长的沉默，不过这段时间是很重要的。在进行协商时，也有着刻意保持沉默的策略。

此外，若双方关系够紧密，沉默也不是非避免不可的状况。有时不用说也知道的心领神会，反而更令人感到愉快。

然而，**对商务闲聊来说，沉默等同于失败。**当一个话题已经没什么好聊时，就要转换话题。此时，必须具备联想的能力。

比方说，你提出今天天气好热的话题。然后**从这里**

开始，由可以成为小主题的单字联想到下一个话题，例如："热—清凉商务①—冷气温度—节电—经费—最近的经营状况"，再丢出去给对方，对话就能顺畅地展开。

为了培养这种联想力，平时多训练单字联想，或是先在脑海中描绘话题发展流程图，都是很有效的做法。

当然，聊天时不一定会依照你描绘的流程图发展。万一发展超出想象，必须从对方当时说的话中找出一个单字，再进行联想。像这样使闲聊流程图增加分支，应对能力便跟着提升。

如果某个话题炒热了现场气氛，对方愿意跟自己多聊聊，当然很好。这种状况下，当个听众就好。事实上，单字联想只是找出关键字，让对方容易开口的一种方法。

聊天的联想，效果和报纸一样

所谓的聊天，是指不着边际的交谈，和流程、训练似乎扯不上关系。若是私底下无意识的闲聊，确实不需要做这些

---

① 清凉商务：是指 2005 年夏天开始，由日本环境省推行的衣物轻便化运动，例如将西装换成透气的 Polo 衫等，以便调高办公室的空调温度，减少能源消耗。

准备。但在商务场合，聊天非常重要。要在工作中运用闲聊，有适当的心理准备不是更好吗？

事实上，很多人都是这样：如果不是为了工作，根本不想看报纸。这些人每天看报，是因为不看报，在聊天时便无法理解别人说的话。**联想在聊天时扮演的角色也是如此。想让商务闲聊顺利进行，联想是必要技巧。**

工作时需要聊天的职业，如业务人员等，不论是否有意识，为了达到目的（说明商品或使客户签约），都有一套聊天模式。若各位还没有建立起这套模式，请将聊天加入话术脚本，并多加训练。

锻炼联想力，在实际谈话的过程中反复修正，流程越熟练，聊天的气氛就越好，使你更容易达成目的，创造出属于自己的必胜模式。

特别是对业务人员而言，名片便是你的有力武器。上一节曾说明过，日常生活中的事物可以作为共同话题。

在大多数的工作场合里，都由交换名片揭开序幕。请各位将这一点记在心里，详情留待下一节再做说明。

POINT　联想是炒热商务闲聊的关键。

事先拟定脚本，
交换名片后引导谈话更热络

业务人员和初次见面的人交谈，通常都是用交换名片来开场。大多数情况都是一边说"初次见面，我是××公司的××"，一边交换名片，然后开始闲聊或进行商谈。

因此，要事先准备好名片相关的闲聊话题，也就是所谓的名片闲聊脚本，万一无法顺利找到话题时，就可以派上用场。

名片上记载着各种资讯，除了姓名，还有公司名称、部门、职称、公司地址、分店、公司标志，有些名片上甚至还刊载公司标语或职务内容。运用这些资讯便能开始聊天。看看以下这个例子：

"请问您的名字该怎么念呢？"

"××"

"这么说，您是××人咯？"

"你怎么知道？高中毕业前，我一直住在××，上大学后才搬来这里。"

"原来如此。去年我曾经去××出差，最近政府好像正大力开发站前地区，不知是否和过去有很大的差异？"

"对啊，不过我还住在那里时……"

像这样进行对话，便能聊得很起劲儿。**若对方的姓氏很特殊，光是这一点就是可以聊的话题。**

此外，像我们这种专业人士，也可用职业当作闲聊话题。顺利的话，还能在闲聊中赞美对方。举个例子：

"请问您的专长是哪个领域？"

"我负责企业的劳工问题。"

"说到劳工问题，我看到报道说，最近这种问题越来越多，您的实际感受又是如何？"

"是啊，因为现在网络上什么都查得到，劳工的权利意识也跟着提升，再加上律师事务所的广告很多，劳工越来越容易接触到律师，所以比较容易出现纠纷。"

"看来这种问题今后只会越来越多。律师您不就成为各大企业争相拉拢的对象？"

"哪里哪里，没这么夸张啦！"

由名片衍生出话题

为了在交换名片时，能立刻利用名片上的内容开始闲聊，请先想好几个脚本，并将它们牢记在心。以下是一些可以参考的范例：

"请问您的名字该怎么念呢？"

"请问您的工作内容是什么？"

"请问您的专长是什么？"

"请问贵公司名称有什么含义吗？"

"请问这个公司标志代表什么意思？"

"请问贵公司离哪个车站最近？"

事先准备几个这样的闲聊脚本，当找不到其他话题，不知如何是好时，便能立即依此制造出话题，让自己感到安心。

POINT　拿到名片后，不可以马上收起来。

学相声开场白来暖场，
推销也能轻松切入主题

与人谈话时，一般不会直接切入主题，而是先闲聊一下。因为通过聊天，可以产生顺利进入主题的效果。相声演员是最擅长运用这种功能的人。

相声的主题是剧目，也就是所谓的故事，而演员演出的目的，是让观众听到故事。但是，**几乎所有相声演员都不会一开场便进入故事内容，而是会先来一段开场白。**

开场白的内容五花八门，有时为了增进听众对故事的理解，会介绍和故事内容有关的过往风俗，有时可能谈论和故事完全无关的时事话题，或是演员最近体验到的趣事，甚至是相声剧场所在地的相关话题。

某位相声演员曾表示，这些开场白的内容不一定是事先决定好的。因为演员会视观众的年龄层、样貌等，调整开场白的内容、语调和长度等，并计算切入主题的最佳时机。

表演是在单口相声，还是双口相声、魔术等综艺表演之后进行，也会影响开场白的安排。此外，前段表演是否受到欢迎，会令现场气氛截然不同。若前段表演使用很热闹的音乐，现场可能还是吵吵嚷嚷。若前段表演的故事一点儿都不受欢迎，也可能陷入冷场的局面。

相声演员为了让观众从前段表演营造出的世界，或是他们的日常生活，自然地进入相声的故事，可说是费尽苦心。出色的相声演员往往安排得极为巧妙，让观众感觉：咦？刚才还在听闲话笑得很开心，怎么剧目不知不觉就开始了？

相声教我们的聊天艺术

在工作场合，适当运用开场白也很重要。比方说，业务人员推销商品时，一开口便进入主题："这个商品的优点是……"对方会立刻产生戒心。因此，**先以聊天作为开场白，建立彼此的关系，并看准对方聆听的时机，自然地切入商品说明，效果会更好。**

不过，也有草草结束闲聊，快点进入主题比较好的情况，例如：对方已经准备好要谈论主题，而且兴致高昂，如果聊太久，反而让他等得不耐烦。这便是所谓已经暖身的顾客。

希望各位都能像相声演员一样，学会观察对方的神情，掌握进入主题的时机。

很多人听到在聊天时活用艺人的技巧时，以为是要模仿艺人搞笑的桥段，其实我们该学的不只这些。

相声表演的开场白经过数百年的淬炼，才达到今天的境界。下次各位听相声时，请务必仔细观察。

POINT 聊天具有暖场的作用。

像查税员一样套话，
让对方不知不觉吐露秘密

聊天最大的作用是问出重要资讯。有时，当对方放松心情闲聊，才能看出他真正的想法和希望，或是原本不打算与人分享的事。

有一种职业将这种技巧巧妙地运用在工作上，那就是税务署的查税员。在进行税务调查时，查税员会到公司或经营者家里拜访，和调查对象聊天。**此时，谈话内容可能是企业经营、嗜好、家庭等话题，乍听之下似乎不着边际，但其中隐藏着陷阱。**

法人税等税金，是针对营收扣除经费后所剩的获利（所得）来课征。查税员的目的之一，就是要找出有没有漏报营收、有没有虚增经费等事实。

公司负责人当然知道查税员的来意，所以查税员如果在聊天时直接问最近公司赚钱吗，一定会露出马脚，公司负责人也会产生戒心。因此，**查税员通常会从更贴近生活的话题切入。**

举例来说，查税员若是在家里或社长办公室看到高尔夫球具，便问社长说："您有打高尔夫球啊？我也很喜欢打呢，"接着用一般人会问的问题，例如："您的成绩是几杆""您都去哪个球场打球"等，营造放松的氛围，然后展开以下谈话：

查税员："您和客户应酬时，也常去打高尔夫球吗？真的很辛苦呢！"

社长："没有啦，因为最近打高尔夫球的人变少了，都是和朋友私下约去打的。"

这段对话中隐含重要资讯。查税员先从这里进行试探，看看社长有没有把私人的高尔夫费用列为公司经费，如果找到相关收据，就再提出以下问题：

咦？您刚才说都是和朋友私下约去打高尔夫球，但公司经费里却有高尔夫球的收据，这样不是很奇怪吗？

对查税员而言，聊天是工作的一部分。他们在身经百战后，磨炼出上述的聊天技巧，让调查对象不自觉地泄露重要信息。

从感性交流建立理性逻辑

通过聊天来问话，也是律师经常使用的手法。当委托人前来求助时，律师必须问出事实关系，整理出成为法律争执点的部分，以及对他们有利与不利的事实。

不过，成为法律争执点的关键，往往和委托人想说的不同。而且，他们即便面对委托律师，也不想说出对自己不利的事。如果后来发现律师不知道的事实，好不容易建立的辩论逻辑和策略将全部瓦解。

所以，在轻松愉快的氛围里，使委托人自由说出和案件有关的外围话题，有时会让法律上的关键点浮现出来。等他们说出律师在意的话，再针对核心重点提问，就能问出详细的事实关系。

闲聊是感性交流，而工作谈话则是理性交流。这两者原本应该严加区分，不可混为一谈，但是想建构理性逻辑就必须掌握资讯。通过聊天进行感性交流有助于找出这些资讯。

> POINT　聊天内容隐含重要资讯。

当对方自说自话时，
可用魔法词汇转移话题

各位身边是不是有很长舌的人？其实这种人并不少见。明明大家在谈特定话题，不知何时，他把话题转到别的方向，而且滔滔不绝地说些和主题无关的话。**若是和这种人私下一起去喝酒，姑且当个听众，如果在工作场合里碰到他们，真的很难应付。**

比方说，和主管开业务会议时，已经没有时间了，想早点着手处理，但他却不停地自吹自擂或是抱怨工作，一直不肯放你离开。或者是在商谈中，明明还没有达成共识，对方却开始谈业务细节或是聊题外话，迟迟无法谈论真正在意的钱的话题。

听到后来，听的人只想着要怎么把话题转回来，根本就是心不在焉。当这种和主题无关的对话一直持续，该如何是好？

在对方换气瞬间用肯定词连接

想改变话题时,必须由我方主动插入"对了"之类的语气转换词。问题在于切入的时机。

插话最基本的时机,是换气的时候。在换气的瞬间,对话一定会中断,因为对方会空出时间思考下一句话。我们要看准这个时机,切入自己想说的话。不过不论是谁,对于话被打断都会感受到压力。因此,我方改变话题后,对方或许会附和"对,就是这样",但也有可能感到生气。为了避免让对方不愉快,该如何转换话题呢?

关键在于,要想出即便转移话题,也不会使对方觉得被打断的遣词用字。换句话说,就是要一边引用并接续对方说的话,一边把话题转到其他方向。

在换气的瞬间,不要直接用"对了"来改变话题,而要用肯定词,例如:"真了不起""我学到很多""原来如此"等来插话。先用这些词汇作为缓冲,然后不要换气,紧接着搭起转换话题的桥梁。

以和主管开会为例,可以用接续谈话的方式,切入和业务相关的问题:"真了不起。对了,刚才您有提到这件事,请问这种情况该怎么做比较好?"

①趁对方换气时切入。
②切入时，要使用肯定词。
③在肯定词之后，不要换气，立刻提问。
④问题要符合谈话走向。

如果主管针对你的问题提出指示，当然可以回答我知道了，然后着手进行，但有时也会遇到这种情况：主管没有针对问题仔细回答，又把话题转回刚才的内容。此时，再次听对方说话，先有个缓冲后再提问。

这种做法的前提是，要仔细听对方说话。即便这对自己无关紧要，若一副爱听不听的样子，一心只想讲自己想说的话，就会打断对方讲得很开心的话题。

重点在于，配合当时的状况，找出最适合插话的时机，自然地把话题拉回来。

> POINT　掌握谈话走向并加以肯定后，再改变话题。

从这些事找出双方的共同经验，避免无言以对

聊天是用轻松的对话交流，缩短人与人的距离，并且建立良好关系。前面在说明联想时也提过，当我们期待聊天发挥这种功能时，沉默可能是最大的敌人。

很多人应该都有这种经验：明明觉得得提出什么话题才行，却迟迟找不到适合的话题，使现场气氛变得很尴尬。有时为了避免沉默，有些人会勉强提问，结果有些问题很难回答，或者太过私人，反而造成对方的困扰。

如果对话时陷入沉默，可以运用过去的话题，找出和对方的共同体验。比方说，如果对方是同事，可以抛出这样的话题：说到这里，那个时候的客户后来怎么样了？对方就能立刻理解你的提问意图，顺畅地回答。

谈论过去的话题，好处是话题不一定要和现状有关。只要说"谈到这里，我突然想到……"即便话题很唐突，也不会显得不自然。

若这个过去的话题伴随着某种情绪，效果更好：

"那时真的好有趣！"
"上次真的令人很生气。"

聊天最主要的目的是共享情绪。提出这样的话题，就会一起回想过去发生的事和当时的情绪，很自然地让气氛热络起来。

除了过去的经验，附近也很容易成为话题，简单地说，便是聊聊附近的事物，例如：对方服装和发型的变化，甚至是房间内的摆设等，这些都是现在对方和自己同时看到、体验到的事。

因此，这也是容易产生共鸣的话题，不太会踩到雷。如果相处时间还不是很长，没什么值得提出的共同体验，建议你使用这类话题。

最理想的关系，不需要在意沉默

前面说明了避免沉默的技巧，不过如果彼此的关系很好，像是夫妻、情侣或知心好友等，沉默其实是很常见的状况。而且，即便沉默一段时间，对方也不会太在意。

不需要在意沉默，是最棒的信赖关系。为了避免沉默，设法使闲聊继续下去，就某种程度来说，也算是在建立即便沉默也无须在意的关系。**想测试和对方的心理距离，最好的方法就是刻意保持沉默。**如果沉默几分钟后变得坐立难安，便表示双方尚未拉近距离。

就像一开头提到的，聊天的目的是和对方建立良好关系。所谓的良好关系，是指不会因为沉默而感到痛苦。从这个角度来看，聊天的最终目标说不定就是沉默。

> **POINT** 以建立即便沉默也不觉得尴尬的关系为目标。

遇到不懂的话题，
向对方请教能让对话更顺畅

让对方说得开心，是闲聊成功的捷径。必须适时搭腔，使对方觉得你是个好听众。然而，**明明对对方的谈话内容一无所知，他却一副"你也知道吧"的态度，或是开始说些你完全无法理解的话，会令人感到非常困扰。**

以我的状况来看，这就像在聊天时，不小心使用艰深的法律术语。比方说，我会不小心说出"那符合诈欺行为取消权的条件，所以……"等，在法律界是常识，但对其他人而言，是根本无法理解的话。

此外，在聊天时，也常出现我不知道的地名或人名。尤其是和长辈谈话时，经常因为代沟，发生对方认为我一定知道，但实际上我根本不知道的事。

这种时候，虽然我觉得很伤脑筋，但提问又会打断对方，因此常会用"是啊""就是说啊"之类的话搭腔，来应付那种场面。

如果那个话题很快结束，当然不会有问题，可是有时却出乎意料地长，而且还以双方都理解为前提，不断地发展下去。**如此一来，听的人只会越来越不愉快，无法做出适当的回应，导致对话不能顺利进行。**

那么，当对方谈论自己不懂的话题时，究竟该如何应答？

以话题是否为对话本意来判断

以我为例，在出现不太理解的用语或话题时，我会设法判断这些内容是不是对话的本意，或者只是其他话题的开端。

若判断出这些内容是对话的本意，即便对话进行到一半，也必须问清楚才行。就算这么做会打断对方，也绝对不是失礼的行为。相反地，**还有可能因为提出问题，反而让之后的对话更顺利。**向对方请教，也是使对话变得热络的技巧。特别是谈话对象是长辈或主管时，很多时候，提问反而可以让他们说得更高兴。

当不能理解的话并非对话的本意，听过之后自然会进入其他话题时，那听听就算了。重点在于，让谈话顺利进行，不一定要理解对方说的所有内容。

不过，要做出这样的判断并不容易。有时也会遇到虽然偏离本意，但后来才发现这个话题很重要的情况。如果听过之后发现糟了，要尽早提问："对了，我刚才没有机会问……"

这种做法虽然会扰乱谈话的顺序，而且刚才已经搭过腔的话，又提出来问好像有点矛盾，不过在闲聊时，对方不会在意这样的态度。但若是在会议或商谈的场合，那就另当别论。

想想之后的发展，尽早提问是比较好的选择。

> POINT 到了无法听听就算的阶段，还是问清楚比较好。

辨别对方是否是情绪发言，再决定以感性或理性来回话

我想请问男生，你们是否曾被妻子或女朋友问过工作和家庭（我）哪个比较重要？

听说最近女生也经常被这么问，不论古今中外，这个问题已经不知道被问过多少次，可以说是男女之间的经典问题。而且，每当男生被这样问时，大多都是吞吞吐吐、语无伦次的样子。也有很多男生生气地回答："两者怎么能拿来比较！"结果便吵起来了。有鉴于此，这一节要跟各位谈谈情绪话和理性话。

为什么在面对上述问题时，男生会不知道该如何回答呢？这是因为工作和家庭，本来就属于不同层面，无从比较。男生以逻辑思考得到的答案，如："两者都很重要，这还用说吗""完全不同的东西要怎么比较"，太过正经，让女

生无法接受。

此时男生应该思考的是，为什么女生会提出这样的问题。其实，她们根本不是要比较工作和家庭，或是深入探讨这两者。

工作场合的感性和理性对立

说到底，这个问题背后隐含的情绪是："为什么你不能多陪我一点""为什么你不能更重视家庭一些"。女生会说情绪话，问题其实不在工作上。她们这么问，不是要你按照问题的表面意思，理性地分析、比较工作和家庭的重要性。

女生用情绪话提出问题，男生却试图用理性话来回答，所以才会产生分歧。这时不应该告诉她和工作比较的结果，而是要推测对方的心情，感性地回答：你最重要、家庭最重要。等对方冷静下来，再用理性话说明工作的重要性即可。

在工作场合，必须清楚区分情绪话和理性话。公司内部讨论，或是和客户进行交涉时，如果对方说的是情绪话，就没办法跟他讲道理。

我身为律师，经常和情绪激动的当事人打交道，当对方只说情绪话时，条件通常都谈不成，因为当事人在当下根本无法做出理性判断，只能等他们冷静下来，才有协商的可能。

不论于公于私，关键在于，区分对方说的是情绪话还是理性话，再配合他们的状况回应。

> POINT　感性往往容易凌驾于理性之上，因此请先冷静下来。

购物台不会先说结论，
说服他人得先确认对象类型

市面上有许多谈论说话术的书，有的教读者说服他人的技巧，有的则教如何把话说得简洁明了。这些书的作者大多是活跃于各行各业的专家，从自身的丰富经验导出方法，非常值得参考。

其中有很多作者都教读者先说结论。类似的方法还有从重要的事依序说起、把要说的内容汇整成三个重点，然后一开始先说明主旨等。

这些方法都没有错，也有学习的价值。不过，**我不认为它们是万无一失的方法。**一样米养百样人，所以怎么说对方才容易接受，当然因人而异。或许在这些作者的周遭，正好喜欢这类说话方式的人比较多，因此觉得它们是万能的方法。

比方说，要进行企划案的讨论时，通常适合先说结论：

应该做××，因为……然而，其中也有人觉得先听一长串社会与市场的现状分析，再听到所以应该这么做的结论，比较能够信服，也就是要先说明过程，才能打动他。**对于这种人，如果一开始便先说结论，他反而会产生防备心，更难被说服。**

说话方法当然会因为实际情况而有不同。电视购物台会一开始就说这台腹肌锻炼器要六百元，你应该立刻入手，因为……吗？当然不会。

购物台会先播放一段小腹突出的影片，接着切换到用这台腹肌锻炼器运动的场景，然后再播放运动后的紧实腹肌影片，先刺激观众的情绪，最后才说出价格，诱使观众购买。

由此可见，不是所有场合都适用先从结论说起的做法。

辨别谈话对象类型再说话

那么，该如何分辨谈话对象属于什么类型呢？秘诀在于，观察对方平常如何说明事物。从他说话时的逻辑，大概可以知道，他喜欢的说话方式，是从结论到过程，还是从过程到结论。

除了商务闲聊外，观察私人场合的聊天状况，也可以判断对方属于什么类型。举个例子：假设你和对方聊到他夏天的旅行。

如果他习惯从结论开始说起,倾向先做总结:哎哟,真是一趟凄惨的旅行,然后再说明旅途中到底发生什么事,例如:突然下了场大雨、又碰到大塞车,等等。

如果他喜欢先说过程,即便在聊天时,也会不自觉地依照时间顺序叙述:一早上飞机、到了目的地就开始下雨,最后才说结论:真是凄惨啊!

根据谈话对象的类型选择说话方法,比较容易聊得尽兴。 聪明人在工作时会先从结论说起,而聊天时则为了制造落差,故意按照时间顺序来说话。因此,只要关注他工作时的说话方式即可。

为了说服对方,为了让对方开心而磨炼对话技巧,不一定得学会独特的说话方法。最重要的是分辨谈话对象的类型,再依此选择适合的说话方式。选择适合对方的说话方法比学会独特的说话方式更重要。

> **POINT** 选好适合谈话对象类型的说话方法,更容易说服对方。

> 正向提问可以促使对方正向思考,主动找出解决对策。

第**6**章

一句话就惹怒人？
陷阱藏在哪里

关系再好也要尊重对方,
才不会引发负面评价

当我还是新手律师时,我心目中的好律师是可以在争论时驳倒对方。那时我经手的案子,遇到的对手通常都很资深。当然,因为我觉得彼此都是律师,应该是对等的,所以用这种心态和对方交手。

某次诉讼,我和对手律师正在争论时,他对我说:"小子你经验还不够,所以才会这样主张……"我当时非常生气地回答:"我们都是律师,你凭什么叫我小子!"然后和他大吵一架。换作现在的我,当然不会这么做,那时实在是年轻气盛。

我举这个例子,主要想告诉各位,稍微措辞不当便可能使对方觉得不舒服,甚至感到生气。特别是"你这家伙""小子你"等词汇,更是要多加注意。

等到真的很熟，才能不拘礼节

喝酒应酬时也要小心遣词用字。**有些人酒一下肚，胆子就来了，忍不住说大话或是贬低对方，说些失礼的话。**

有一次，我们事务所在招募律师时，发生过这样的事。在新律师面试完之后，我们和事务所同事一起去喝酒。当时来应征的律师喝醉了，一副跟我很熟的样子，把手搭在我的肩膀上说："小谷，让我加入你们事务所嘛。"他完全忘记我是决定要不要录用他的人。

看到这一幕，事务所的同事全都吓呆了。即便是在喝酒的场合，这也是很不恰当的行为。

此外，有些男生以为故意说出粗暴的言辞或脏话很酷，但在工作场合，这样说话的人不可能获得好感与敬意，请各位一定要特别留意。

若聊天只是为了自我满足，对长辈说话不用敬语也没关系，不讲究遣词用字也无妨。然而，如果想进行策略谈话，就必须通过闲聊在工作上获得对方的好感。因此，必须尽量避免会产生负面评价的言行。

有时已经跟对方很熟了，言词不拘礼节反而比较好。不过，重点不是自己的感受，而是对方怎么想，所以一定要格外谨慎。

总之，说话时最好还是尽可能客气有礼。尊重对方的感受，自然会注意遣词用字，不会不小心说出"你这家伙""小子你"等词汇。

> **POINT** 进行商务闲聊时，还是客气有礼比较好。

对家人、下属问话要正面，
引导对方主动思考解决方法

妻子生气地质问先生"你为什么连结婚纪念日都不记得"，或是主管指责下属"你到底要到什么时候才能学会"，都是很常见的场景。一般人听到这些话，应该会反感或感到意志消沉。

不过，无论是妻子还是主管，都不是为了搞坏关系才这么说。妻子只是希望先生记住结婚纪念日，主管则希望下属快点儿熟悉自己的工作。然而，**结果却往往和他们的想法背道而驰。他们都是因为对方的表现不如预期而生气。**

于是，他们把怒气发泄在对方身上，但对方很显然也不会因此正向思考。**想要控制对方的想法，与其将怒气发泄在他身上，不如正向提问更有效。** 提出积极正面的问题，会影响对方的思考方向。

商务闲聊时最重要的技巧

若妻子希望先生记住结婚纪念日,就不能提出这样的负面问题:"你为什么连结婚纪念日都不记得?"请改用正面问题询问:

"你觉得怎样能让你记得结婚纪念日?"
"你觉得怎样能使你想起结婚纪念日?"

只要提出正面问题,先生会努力思考解决对策:

"每年一月一日,我们一起在客厅的月历上写下整年的纪念日,如何?"

"结婚纪念日的前一周你送我礼物,结婚纪念日当天换我送你礼物,如何?"

在工作场合,正面提问则是有效促使下属成长的做法。 若主管希望下属快点学会工作,就不能提出这样的负面问题:"你到底要到什么时候才能学会?"请改用正面问题询问:

"这次的工作,你觉得要怎么准备才能做好?"

"如何将这种做法运用到所有工作上?"

提出正面问题,下属会开始主动思考解决对策,因此能帮助他们成长。

当对方的反应不如预期时,我们常会涌出一股怒气。然而,就算把这股怒气发泄在对方身上,也不能改变什么,仍然无法解决问题。在因负面问题发怒前,先想想能否改用正面问题来表达。

> **POINT** 能巧妙指正下属的主管,会用正面言词向他们晓以大义。

5W1H 让你不遗漏资讯，但常问 Why 令对方困扰

各位在学校时，应该都学过 5W1H：

①时间（When）　　②地点（Where）
③人员（Who）　　　④主题（What）
⑤原因（Why）　　　⑥方法（How）

5W1H 是由这几个英文单词的第一个字母组合而成，是传递资讯时的要素。**不论是写作还是进行对话交流，只要意识到 5W1H，便不会错失资讯。**律师在撰写诉讼文书时，也会特别注意。

5W1H 在聊天时也很有用。

"啊，我忘了一件重要的事！"

"嗯，这样啊。"

"……"

这样的对话实在太无趣。既然对方都特地出声，让对话热络起来是基本礼貌。此时，请好好运用5W1H。

"咦？你忘了什么事（What）呢？"
"有人叫我去送文件。"
"谁（Who）叫你去的？"
"是课长啦！"
"期限是什么时候（When）？"
"课长说中午前要送到，可是我完全忘了这回事。"
"要送去哪里（Where）？"
"客户神藤商事啊！"
"你竟然忘记课长交代的事，还真是少见啊！为什么（Why）会忘记呢？"
"因为我岳父今天上午突然病倒了。"
"噢，那文件你打算怎么处理（How）呢？"

大多数的情况里，在你还没仔细提问之前，对方应该就会主动先说，如果对方有遗漏的地方，你可以再补问，这样对话便能持续下去。

只有 Why 不适合用在闲聊中

不过，要特别留意 Why 的使用方法。

Why 是指询问为什么，但这其实是不可掉以轻心的问题。看看以下对话：

"最近的新人真是不懂礼貌！"

"咦？为什么这么说？"

"他们连最基本的礼仪都没有！"

"为什么呢？"

"咦？那是因为家教不好吧。"

"为什么家教不好呢？"

"嗯，是因为时代的关系吗？"

若被如此步步紧逼，最后会让对方不知道该怎么回答。如果是研究学问，或是在工作上进行会议或讨论，这种追问是没有问题的，但若在聊天时这样逼问对方，他一定会觉得很困扰，甚至感到厌烦。

为什么会出现这种状况呢？因为被问到为什么时，回答者必须有逻辑地说明原因。**人们一旦想有逻辑地说明事物，就得**

耗费大量脑力认真思考。 在轻松闲聊的场合里，当然不希望还要辛苦思考。然而，Why 的问题要求的却是符合逻辑的回答。

所以，在聊天的过程中想到为什么时，必须进一步思考，如果询问 Why，会不会令对方感到困扰。如果认为对方会觉得困扰，就不要询问，或是用 Why 以外的方式来问。从上述例子来看，可以参考以下问法：

"最近的新人真是不懂礼貌！"
"发生什么事（What）了？"
"刚才我和新人擦身而过，他竟然连点头示意都没有。"
"这样可不行！从什么时候（When）开始变成这样呢？"
"大概是五年前左右吧。更早之前，都没有这种状况！"
"要教他们懂礼仪，该怎么做（How）才好呢？"
"嗯，首先……"

即便很想问为什么，只要换个方式来问，也可以顺利聊下去。聊天是为了让双方都能乐在其中，建立良好关系。因此，请避免使用让对方感到困扰的逼问方式。

> POINT　要积极运用 5W1H，但在使用 Why 时，要特别注意。

对话不顺使场面尴尬？
因为触犯了八种禁忌

聊天是和对方建立良好关系的手段，换句话说，为了达到这个目的，有合宜和不合宜的行为。如果随心所欲地说话，让对方感到讨厌，便失去聊天的意义。**想进行策略谈话，不能聊到令对方讨厌。**

因此，我整理出聊天的八种禁忌。若是无法顺利聊下去的人，请再次确认自己的说话方式，是否触犯这八种禁忌。

①自说自话

聊天的基本原则是听对方说。此外，用掀自己底的方式说明自己的状况，也是缩短彼此距离的重要方法，但光顾着自说自话，只会扫兴而已。人们在说自己的事时，能聊得很愉快，所以记得要让对方开心地说他自己的事。

特别是在工作场合,要尽量避免自说自话。最好把说自己的事当成使对话继续发展,或是让对方再次开口的一种技巧。

②打断别人

对话像是传接球,在听完对方说话后,再针对内容给予回应。打断对方如同把对方正要投出的球,直接从他手里打掉一样,会严重影响对方的心情。

这种行为不见得有恶意,通常是喜欢说话的人容易出现的习惯。各位可以反省一下,自己的说话方式是否也有这样的问题。

③用自己的话来取代

聊天时必须对对方说的话感兴趣,如果不想理解对方要表达什么,便聊不下去。自己的话顶多是在听完对方说话之后,用来延续话题。

举例来说,对方说:"上个星期我去了迪士尼……",结果你马上用自己的话取代,例如:"我也去了呢。虽然人挤人……",对方一定觉得很扫兴。

④否定对方

聊天和讨论或协商不同,不需要意见对立,也不用说服对方接纳自己的想法。因此,不可以只顾着表达自己的想法,否定对方说的话。使用"不过""可是"等转折型连接词,也是不适当的做法。

⑤拼命想压倒对方

比方说,当对方开始谈论最近的工作时,有些人立刻表示自己的工作更重要,这种人会令对方感到不舒服。习惯展现这种态度的人,其实自我评价很低。他们的内心很寂寞,若不看轻对方便无法保有自尊。

⑥提问,并在对方回答前再度提问

对话是反复地提问与回答。然而,有些人在面对别人提出的问题时,往往要花很长的时间思考,迟迟无法作答。

此时,有些人因为极度害怕沉默带来的尴尬,在对方还没回答之前,又询问不同的问题,使得对方想了半天的答案无用武之地。因此,在提问之后,请耐心等待对方回答。

⑦问个不停

有种人完全不提供自己的资讯,也不根据对方的谈话来

发展话题，只是一直问个不停，让人产生很大的压迫感，仿佛在接受警方侦讯：你叫什么名字、几岁、做什么工作？在对方回答后，请努力从答案里找出话题。

⑧不搭腔也不表示赞同

聊天不是理性、有逻辑的交流，而是感性、有共鸣的沟通。千万别忘记时而点头示意，时而搭腔说"原来如此""就是说啊"等，对对方说的话表示赞同或是感兴趣。

POINT 把聊天的八种禁忌牢记在心。

鹦鹉学舌三部曲，
是不说错话的终极武器

到目前为止，本书已说明许多聊天技巧。然而，聊天其实并不简单，各位也不可能马上变得擅长。因此，**接下来我针对总是无法持续对话的人，介绍一种技巧，那就是鹦鹉学舌**。

Ⓐ先生："上周末我和大学同学去打高尔夫球了。"

你："哇！你去打高尔夫球吗？"

Ⓐ先生："是啊，而且还打出生平最低杆数。"

你："真的吗？生平最低杆数啊！"

Ⓐ先生："是啊。比起为了应酬，高尔夫球还是和无话不谈的知心好友一起去打最好。"

只要像这样重复对方说的话，对方便会开心地自己说下去。不过，如果对方没有特别想说的话，就可能进入漫无目的地闲聊。

以聊天气的话题为例。当对方说："天气变暖了呢，"你便重复一次："是啊，变暖了。"这时，对话的传接球是成立的，所以对方会继续发言。

Ⓑ先生："天气变暖了呢！"
你："是啊，变暖了！"
Ⓑ先生："前几天还像冬天呢！"
你："对啊，真的好冷！"
Ⓑ先生："我连大衣都收起来了。"

再加入感受和提问就万无一失

然而，有时事情的发展不会这么顺利。此时，只能靠自己让对话持续。这时候或一开始便知道对方不太会说话，在听到对方的发言之后，就试着加入一句描述自己感受的话。看看以下这个例子：

C先生:"天气变暖了呢!"

你:"是啊,变暖了!我很开心,因为我喜欢暖暖的天气。"

C先生:"这样啊。我反而喜欢冷一点的天气呢!"

如果这么做还是无法延续对话,就向对方提问。因为已经说出自己的感受,接下来只要询问对方的感受即可。

D先生:"天气变暖了呢!"

你:"是啊,变暖了!我很开心,因为我喜欢暖暖的天气。D先生你喜欢冷一点,还是暖一点的天气呢?"

D先生:"我也喜欢暖一点的天气!"

不擅长聊天的人,请设法运用这个方式。

E先生:"最近病毒邮件好像很多?"

你:"对啊,真的好多噢!我们公司也很头痛。E先生的公司还好吗?"

E先生:"说到这里,前几天员工的电脑中毒了……"

先重复对方说的话，若对话持续下去，就把主导权交给对方；若对话似乎无法持续，便加入描述自己感受的话。如果还是不行，就询问对方的感受，这样对话应该能够持续下去。

简单来说，鹦鹉学舌的技巧可归纳为以下三点：

①重复对方说的话。
②说出自己的感受。
③询问对方的感受。

这个技巧对不擅长聊天的人很有帮助，请各位务必记住。

> POINT　只要熟悉鹦鹉学舌三部曲，便没什么好怕的。

> 善用交换条件和假设性问题,就能使对方知难而退。

第7章

实战锻炼说话技巧，能跟别人聊得好就是赢家

怎样问出实话?
两种提问让提辞呈的下属吐露心声

下属小林对西宫课长说:"我想辞职。"虽然课长开口问"咦?怎么了?",但小林只说"我已经决定了",不肯说出真正原因。

小林是很优秀的人才,西宫课长希望能留住他。然而,因为小林经过深思熟虑才做出决定,其他人光是说"一起继续加油嘛"之类的话,应该也没什么用。

西宫课长无论如何都想问出小林心里的想法。他知道即便把小林叫到会议室询问,也只会得到千篇一律的答案,于是他约小林去喝酒。

西宫课长打算利用喝酒时的闲聊,问出小林的真心话。

失败例：

（干完杯且闲聊告一段落之后）

西宫 "对了，你说你想辞职，到底是为什么啊？"

小林 "这是我经过反复思考后做出的决定。"

西宫 "我知道，所以我想问你为什么会做出这样的决定。"

小林 "因为有一些事。"

西宫 "到底是什么事啊？你对公司有什么不满吗？"

小林 "不是这样的。"

西宫 "那究竟是为什么？告诉我原因嘛！如果不知道原因，我没法做判断。"

小林 "你要判断什么呢？只要我提出辞呈，从法律面来看，应该就可以离开。"

西宫 "话是这样说没错啦，难道没有转圜的余地吗？你现在走，我很困扰啊！"

小林 "很高兴听到你这么说，可是我已经决定了。比我年轻的岩寺很努力，我想即使我走了，他也可以做得很好。"

西宫 "这样啊。现在的年轻人动不动就换工作，但我认为长期待在同一家公司比较好。你不再考虑一下吗？"

小林 "是的,真的很抱歉。"

西宫 "好吧,那就算了。今天就开怀畅饮吧!"

参考例:

(干完杯且闲聊告一段落之后)

西宫 "对了,你说你想辞职,那辞职之后,你有什么打算?"

小林 "我要换工作。"

西宫 "你要换到哪里工作呢?"

小林 "房仲公司。"

西宫 "咦?那是完全不同的产业啊!你想当业务吗?"

小林 "也不是特别想当业务啦!"

西宫 "不想当业务却想换工作,这当中有什么原因吗?"

小林 "嗯……"

西宫 "这种情况要不是薪水比较好,就是想学习业务技巧,为将来自己开公司做准备。你是哪一种?"

小林 "两种都有。"

西宫 "或许你现在的薪水不高,但在我们公司也会加薪啊!反而是房仲公司,若业绩不好会立刻减薪,甚至可能直接被炒鱿鱼。如果未来想自己创业,我们公司也有业务部，只要申请转调部门即可，这部分我也可以协助你。"

小林 "谢谢你。但若是不马上加薪，我会很困扰。"

西宫 "为什么？你有什么必须用钱的苦衷吗？"

小林 "嗯，其实我发现我太太去借高利贷，所以我得尽快筹到一笔钱才行。"

西宫 "原来如此，这是真的很糟糕！你一定烦恼很久了。有考虑过其他解决方法吗？"

小林 "有。我到处想办法筹钱，可是没有人愿意借给我。"

西宫 "所以你才会想换工作，去做自己不想做的业务工作啊！你太太欠了多少钱呢？"

小林 "总共约三十万元，每个月必须还一万元左右。"

西宫 "那实在是太吃紧了！这样的话，你目前的薪水确实不太够。对了，有跟律师谈过吗？"

小林 "没有，我没找过律师。"

西宫 "建议你去找律师谈谈。我朋友也曾欠债，不过在找律师帮忙之后，不仅还款金额减少，债务也处理得差不多了。如果你太太还款金额变少，或是还款条件改变，说不定你不用换工作也可以顺利还钱。"

小林 "原来还有这种方法！我完全不知道。我会去跟律师谈谈看。"

适当运用开放式问题和封闭式问题

要问出对方心里真正的想法，其实相当困难，能否像上述参考例一样顺利问出，也是未知数。即便如此，还是有一些技巧可以引导对方，让他容易把话说出口。

失败例中的西宫课长的确开口问了原因，但却是利用上下关系逼问，这样小林当然不会说出真心话。

而且，小林的防备心越来越重，问到后来甚至开口反驳："你要判断什么呢？只要我提出辞呈，从法律面来看，应该就可以离开"，好像双方处于敌对状态。在这种状况下，小林更不可能说出真心话。

此外，要使小林改变辞职的想法，必须先弄清楚他想辞职的原因，并化解这个问题。然而，西宫课长却一味地将自己的想法强加在小林身上，这种方式无法说服人。

参考例中则以找出辞职原因为首要目标，巧妙地提问。当西宫课长邀小林一起去喝酒时，小林一定会防备："莫非他是要挽留我？"因此参考例的问法不是直截了当地问：

"你为什么要辞职",而是从将来的事切入:"辞职之后,你有什么打算。"只要引导对方说出将来的打算,自然可以让辞职原因变得明确。

而且,**西宫课长完全不否定小林说的话,**全部用认同、肯定的方式切入,营造出容易把话说出口的氛围。这也是关键所在。

当小林说出太太欠债时,若西宫课长说出否定意见,例如:"她瞒着你去借钱吗?这样不行呢",或是"那你去申请破产不就得了"等,将自己的想法强加在他身上,小林便开始自我防卫。

如果对方话很少,原则上建议以开放式问题提问,但在对方不想说,却又想听到他的真心话时,则要适当使用封闭式问题。从以下对话,我们可以知道小林不想说出辞职原因。

西宫 "不想当业务却想换工作,这当中有什么原因吗?"
小林 "嗯……"

因此,西宫课长举出以下选项,强迫小林选择或是说出其他原因:

>**西宫** "我想，这种情况要不是薪水比较好，就是想学习业务技巧，为将来自己开公司做准备，你是哪一种？"
>
>**小林** "两种都有。"

要让不想说的人开口，并且让对话持续发展，像这样以封闭式问题提问，也是不错的技巧。

想问出对方的真心话，必须表示肯定、赞同，并且以不使用 Why 的方式提问，让对方容易回答。

> **POINT** 巧妙运用开放式问题和封闭式问题，问出对方的真心话。

如何拒绝请求？
六技巧使前辈欣然接受你的回绝

每次只要有什么麻烦的工作，财务部小山的前辈安达便立刻把工作推到小山身上。今天也是一样。课长交办一项一定要加班才能完成的工作给安达，他马上就想把这项工作推给小山。

平常小山都会帮忙，但今天他有一个重要约会，绝对不能迟到，所以必须想办法拒绝。

失败例：

> **安达**"小山啊，不好意思，这项验算工作可以麻烦你吗？"
> **小山**"不好意思，我今天有事。"
> **安达**"你有什么事呢？"

小山 "我要去约会。"

安达 "约会什么时候都可以约啊！你就打个电话给女朋友，跟她改约明天如何？"

小山 "不行。"

安达 "你这样会被她骑到头上噢！因为工作不能赴约，她应该要体谅。否则，以后她都不会体谅你！"

小山 "哦。"

安达 "和女生交往，好的开始很重要。一开始她可能会生气，但之后你只要告诉她因为要工作，她便知道要放弃。"

小山 "哦。"

安达 "那工作就麻烦你啰！"

参考例：

安达 "小山啊，不好意思，这项验算工作可以麻烦你吗？"

小山 "不好意思，我今天有事。"

安达 "你有什么事呢？"

小山 "今天要跟人见面，有不能迟到的重要事情。"

安达 "不能想想办法吗？你就做一点再去嘛！"

小山 "因为课长信任安达先生,才把这项验算工作交给你,不是吗?"

安达 "话虽如此,还是拜托你啦!"

小山 "你能帮我处理我目前正在进行的资料输入吗?这样我可以马上开始处理验算工作,并且在下班前完成。"

安达 "那就没有意义啦!我现在有事必须外出。"

小山 "这项验算工作一定要今天完成吗?安达先生要不要去跟课长说今天有事,问他能否明天再做?"

安达 "我怎么可能去问这种事!如果主管说要做,下属便要立刻去做,这就是工作啊!"

小山 "若是这样,安达先生应该要立刻着手进行了。"

安达 "喂喂,你不要挑我的语病,拜托你啦!"

小山 "我帮不上忙。如果有其他人可以帮忙就好了。我们一起找找看吧!"

善用交换条件和假设性问题

前辈的请求有时很难拒绝。到底该怎么做,才能让对方知难而退?

在失败例中,最后小山还是不得不接下安达推来的工作,**因为他明确说出了拒绝的理由。**当然,若是像"守灵"这种对方听后只能说"那就没办法了"的理由,还是说出来比较好。但若是像约会这种重要性因人而异的理由,最好别说出来,因为只要约会的重要性被反驳,你便没有理由拒绝。

因为处在前辈和晚辈这种权力关系里,一旦开始讨论约会的重要性,只要双方提出的不是价值观差异所造成的对立意见,前辈一定比较强势。于是,小山只好被迫加班。

相对地,**在参考例中,小山虽然说"今天要跟人见面",却没说是要去约会,还马上把话题岔开,导向"安达先生才应该加班,不是吗"。**换句话说,就是把话题从"小山今天可不可以加班",导向"安达先生今天可不可以加班"。如此一来,便不用担心拒绝的理由被反驳。

小山接下来的谈话,运用的是交换条件的技巧:

> 小山 "你能帮我处理我目前正在进行的资料输入吗?这样我可以马上开始处理验算工作,并且在下班前完成。"

所谓的交换条件,是指在答应他人的请求时,立刻请对方帮忙做其他事情的技巧。如果对方不接受,自己可以拒绝他的请求；如果对方接受，则可以获得相应的报酬。

另外，小山还建议安达去和课长或其他同事商量。这段对话乍看之下，像是安达在和小山协商，其实最终目的是在今天完成验算工作。如此一来，便出现这样的选项：询问课长"是否必须在今天内完成"，或是询问有没有其他人能加班。小山试图借由这种有弹性的想法来解决问题。

小山接下来的发言，则是运用假设性问题的技巧：

> **小山** "我帮不上忙。如果有其他人可以帮忙就好了。我们一起找找看吧！"

所谓的假设性问题，是指不表明自己的立场，而使对方不改变立场的一种技巧。针对这个问题，如果安达说好，只要去问问有没有其他人愿意加班就好。

这时，如果小山说"我去找找有没有其他人可以加班"，责任便落到小山身上。万一找不到人，就会变成"你不是说要找人做吗？既然找不到，你要负责把它完成。"

不过，若是假设性问题，小山只是在向安达提问，因此不会产生任何责任。这可说是进行协商时的有效技巧。

除此之外，再介绍几个拒绝请求的技巧：

①留下说 YES 的空间

如果直接说没办法,对方可能会生气,所以要留下说 YES 的空间然后明确地拒绝。

"如果是明天就没问题,但是今天没办法。"这种说法虽然也算是明确拒绝但传达了这样的想法:"我真的很想帮你,"对方便不会生气。

②分割法

把对方拜托的事分成几部分,再接受其中的一部分,例如:"我没办法处理全部,不过如果只是这个月的验算,我可以帮忙。"这个技巧可以传达这样的讯息:"我很愿意帮你,就算只能帮一部分也好,"对方便不会生气。

③归咎到自己无法改变的规定或原则

若用自己可以改变的理由拒绝对方,只要这个理由被反驳,就没有办法拒绝。前面的失败例便是如此:小山被安达"约会应该可以迟到或改变日期"的逻辑打败。不过,如果用自己无法改变的理由,比较容易拒绝。

比方说,这么说:"只要跟人约好,我就一定要遵守约定,这是我的原则。即使是课长命令我加班,我也会拒绝。若考核因此不理想,甚至叫我滚蛋,我一样会拒绝。"尽管对方听了可能会觉得"哪有那么严重",但这样应该比较容易拒绝。

若是在商务交易现场,可以使用"本公司的规定就是如此"等说法。

④自己没有决定权

因为决定权在别人手上,所以自己爱莫能助。这个技巧很难运用在上述例子里,但也是一种拒绝的方法。比方说,"我很想帮你,可是部长没有核准,实在是很抱歉"等。拒绝不是因为眼前的他,而是因为他背后的部长,这样对方比较不容易生气。

拒绝请求的方法有很多种,请依据实际情况选用最适合的技巧。

> **POINT** 用交换条件和假设性问题,顺利拒绝请求。

用一贯性原则，
连没交情的人也点头答应

前田和岩本同期进入公司，而且都分到总务部工作，不过两人平常没有什么交集。岩本不太喜欢交际，在总务部也给人不合群的印象，所以前田想邀岩本下班后去喝一杯，和他交流一下。

失败例：

前田 "岩本，今天下班后你有空吗？"

岩本 "为什么这么问？"

前田 "如果有空，一起去喝一杯吧！"

岩本 "有什么事吗？"

前田 "也没有什么特别的事，只是觉得在职场上，你似乎被孤立了。"

[岩本] "没这回事。我没事啦！"

[前田] "可是大家都这么说呢！"

[岩本] "我一点都不在意。"

[前田] "别这么说啦，偶尔也跟大家一起去喝一杯嘛！"

[岩本] "不用啦，我其实不太喜欢喝酒。"

[前田] "好啦好啦，偶尔去一次嘛！"

[岩本] "真的不去啦！而且我还有事。"

[前田] "原来你有事啊，那就没办法了。那下次再约吧！"

参考例：

[前田] "岩本，今天下班后你有空吗？"

[岩本] "为什么这么问？"

[前田] "因为你每天一到下班时间就走人，我还以为你在进修什么课程。"

[岩本] "我没有在进修啦！只是下班后，我就不想待在公司里。"

[前田] "这样啊。你今天也要直接回家吗？"

[岩本] "对呀！"

[前田] "那你可以陪我一下吗？我有事想请教你。"

岩本 "你有事想请教我？是什么事呢？"
前田 "这个下班后再说，不会耽搁你太久。"
岩本 "好吧，只能一下下噢！"

应用一贯性原则

岩本要不要去喝酒，只能由他自己决定。换句话说，这段对话必须让岩本做出要去喝酒的决定。因此，必须在对话中提供可让岩本想去喝酒的资讯。光是强调前田单方面的希望，岩本应该不会想去喝酒。

在失败例中，前田的逻辑是"因为你在职场上似乎被孤立了，所以我来陪你，我们一起去喝酒吧"。这其实是前田单方面的想法，对岩本来说，也许只是多管闲事而已。在这样的前提下，要邀岩本去喝酒，很可能会失败。

这段对话必须让岩本觉得想去，或是产生不去不行的想法。

在参考例中，前田一开始先问出岩本的计划。这是为了使岩本无法以"我有事"来拒绝。若不事先断绝岩本的退路，之后他只要说"我有事"，便能全身而退。

一开始先确认岩本没有其他事，之后也可以用"反正你今天不是没事吗"来施加压力。此外，前田还说"我有事想请教你"。如果对方说"有事请教"，自己却拒绝，两人的关系就可能出现裂痕，这也会促使岩本产生"不去不行"的想法。

当然，到时候一定要找一件事请教对方，不过请教什么事根本不重要，约到人之后再想即可。而且，最后前田又推了岩本一把："不会耽搁你太久。"如此一来，岩本便比较容易做出回应。

要驱动一个人时，最困难的地方在于，要将他从完全不想去转变成想去的状态。只要岩本决定要去喝酒，等到去了以后，再设法把时间拖长，反而比较简单。因此，先用不会太久让对方同意去，之后再想办法延长时间，正是技巧所在。

这个技巧运用的是一贯性原则。**所谓的一贯性原则，是指人一旦表明自己的立场，便会一直采取同样的立场。**

举例来说，有商品 A 和 B。在会议上，如果有人表明商品 A 会卖得比较好，之后即便他觉得说不定商品 B 会卖得比较好，也很难改变立场。

若在邀人去喝酒时运用这个原则，只要先让对方表明要去喝酒，到时候再想办法延长时间，是比较容易成功的做法。

在汉堡店点了汉堡后,被店员询问要不要再来份薯条,便不小心加点儿薯条;或是在买车的过程中再三议价,而最后决定要买时,业务员推荐什么配备就加购什么配备,其实都是一贯性原则在作祟。

想驱动一个人时,话不是说给自己听,而是要说给对方听。关键在于,要时时站在对方的立场说话。

> POINT 利用一贯性原则先让对方表明立场,即使没有交情也会答应邀约。

后记

拟定说话策略前，
得先对他人抱持好感

最后，我要谈论聊天时最重要的事。本书针对聊天策略做了许多说明，然而希望各位一定要先记住这件事：在思考策略前，必须有正确的心理建设。

在人际关系中谈策略，或许会让人觉得是骗人的表面技巧。不过，即便具备这种技巧，也不见得能使聊天顺利进行。聊天是缩短和对方的距离、获得好感，并且建立信赖关系的手段，绝对不是为了欺骗。所以，对对方有好感非常重要。

不论使用多么出色、完美的技巧交谈，若是打从心里讨厌对方，这种情绪一定会被他知道。

人的心理状态一定会在某些地方显露出来。如果打从心里讨厌对方，这种心理状态便可能通过视线、表情、动作、声音、言语等传达给他。同理，如果对对方有好感，他一定也会知道。

养狗的人应该都知道，当主人回到家打开玄关大门时，狗狗会摇着尾巴跑过来。它不停地摇动着尾巴，表达对主人回家的喜悦，主人也会因此觉得它很可爱，自然地流露出笑容。狗狗如此表达对主人的感情，即使言语不通也不成问题。

心理学中所谓的好感的互馈交流，是指当对方对你有好感时，你也会倾向对他有好感。相反地，所谓的恶意的互馈交流，是指当对方对你有恶意时，你也会倾向对他有恶意。

回顾这一路走来的经历，我也觉得真是如此。所以，想进行策略谈话，一开始便必须做好心理建设。

对于原本就没有好感的对象，要怎么让自己对他有好感呢？理论上，我们应该对所有人感兴趣，喜爱所有人。不过，要达到这个境界，必须经过一番努力，因此退而求其次，可以采取以下做法。

在和原本就没有好感的对象聊天之前，先做好心理准备，问问自己以下问题：

"这个人哪个地方比我好?"
"我可以向这个人学些什么?"
"这个人有什么优点?"
"这个人有什么地方可以让我喜欢他?"

然后,主动向对方传达好感。这样一来,恶意的互馈交流便无法对聊天策略造成阻碍,对话也能顺利进行。

聊天高手的确充满人格魅力,对他人深感兴趣,而且不会把不好的情绪流露出来。在闲聊的过程中,可以锻炼一个人的综合能力。希望各位都能学会聊天策略,并且对别人抱持好感,持续磨炼自己的人格魅力。

NOTE

NOTE

NOTE

NOTE